Kauderwelsch
Band 163

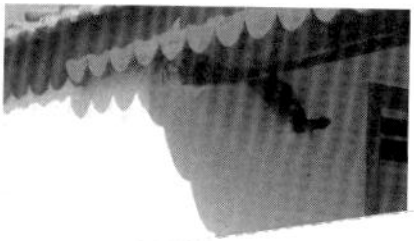

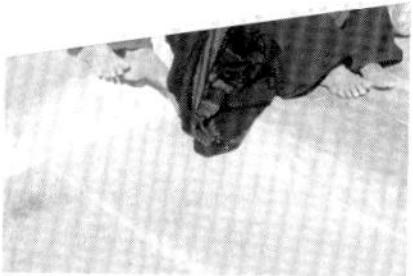

Impressum

Daniel Krasa
Gujarati– Wort für Wort
erschienen im
REISE KNOW-HOW Verlag Peter Rump GmbH
Osnabrücker Str. 79, D-33649 Bielefeld
info@reise-know-how.de

1. Auflage 2003

Bearbeitung & Layout Claudia Schmidt
Layout-Konzept Günter Pawlak, FaktorZwo! Bielefeld
Umschlag Peter Rump (Titelfoto: Daniel Krasa)
Kartographie Iain Macneish
Fotos Daniel Krasa
Druck und Bindung Fuldaer Verlagsagentur, Fulda

ISBN 3-89416-341-0
Printed in Germany

Dieses Buch ist erhältlich in jeder Buchhandlung der BRD, Österreichs, der Schweiz und der Benelux. Bitte informieren Sie Ihren Buchhändler über folgende Bezugsadressen:
BRD Prolit GmbH, Postfach 9, 35461 Fernwald (Annerod) sowie alle Barsortimente
Schweiz AVA-buch 2000, Postfach 27, CH-8910 Affoltern
Österreich Mohr Morawa Buchvertrieb GmbH, Sulzengasse 2, A-1230 Wien
Belgien & Niederlande Willems Adventure, Postbus 403, NL-3140 AK Maassluis
direkt Wer im Buchhandel kein Glück hat, bekommt unsere Bücher zuzüglich Porto- und Verpackungskosten auch direkt beim **Rump Direktversand**, Heidekampstraße 18, D-49809 Lingen oder über unseren Internet-Shop: **www.reise-know-how.de**
Zu diesem Buch ist ein **Tonträger** erhältlich, ebenfalls in jeder Buchhandlung der BRD, Österreichs, der Schweiz und der Benelux.
Der Verlag möchte die **Reihe Kauderwelsch** weiter ausbauen und **sucht Autoren**!
Mehr Informationen finden Sie auf unserer Internetseite
www.reise-know-how.de/buecher/special/schreiblust-inhalt.html

Kauderwelsch

Daniel Krasa

Gujarati

Wort für Wort

જેવો દેશ તેવો વેશ

jevo desh tevo vesh

so-wie Land(m) so Gewand(m)

So wie das Land, so seine Gebräuche.

REISE KNOW-HOW
im Internet
www.reise-know-how.de
info@reise-know-how.de

Aktuelle Reisetipps und Neuigkeiten, Ergänzungen nach Redaktionsschluss, Büchershop und Sonderangebote rund ums Reisen

Die
REISE KNOW-HOW Verlag
Peter Rump GmbH
ist Mitglied der
Verlagsgruppe REISE KNOW-HOW

Kauderwelsch-Sprechführer sind anders!

Warum? Weil sie Sie in die Lage versetzen, wirklich zu sprechen und die Leute zu verstehen.

Wie wird das gemacht? Abgesehen von dem, was jedes Sprachbuch bietet, nämlich Vokabeln, Beispielsätze etc., zeichnen sich die Bände der Kauderwelsch-Reihe durch folgende Besonderheiten aus:

Die **Grammatik** wird in einfacher Sprache so weit erklärt, dass es möglich wird, ohne viel Paukerei mit dem Sprechen zu beginnen, wenn auch nicht gerade druckreif.

Alle Beispielsätze werden doppelt ins Deutsche übertragen: zum einen **Wort-für-Wort**, zum anderen in „ordentliches" Hochdeutsch. So wird das fremde Sprachsystem sehr gut durchschaubar. Denn in einer fremden Sprache unterscheiden sich z. B. Satzbau und Ausdrucksweise recht stark vom Deutschen. Ohne diese Übersetzungsart ist es so gut wie unmöglich, schnell einzelne Wörter in einem Satz auszutauschen.

Die **Autorinnen** und **Autoren** der Reihe sind Globetrotter, die die Sprache im Land selbst gelernt haben. Sie wissen daher genau, wie und was die Leute auf der Straße sprechen. Deren Ausdrucksweise ist nämlich häufig viel einfacher und direkter als z. B. die Sprache der Literatur oder des Fernsehens.

Besonders wichtig sind im Reiseland **Körpersprache, Gesten, Zeichen** und **Verhaltensregeln**, ohne die auch Sprachkundige kaum mit Menschen in guten Kontakt kommen. In allen Bänden der Kauderwelsch-Reihe wird darum besonders auf diese Art der nonverbalen Kommunikation eingegangen.

Kauderwelsch-Sprechführer sind keine Lehrbücher, aber viel mehr als Sprachführer! Wenn Sie ein wenig Zeit investieren und einige Vokabeln lernen, werden Sie mit ihrer Hilfe in kürzester Zeit schon Informationen bekommen und Erfahrungen machen, die „taubstummen" Reisenden verborgen bleiben.

Inhalt

Konversation

Anhang

STD
STDISD

Vorwort

Sie spielen mit dem Gedanken, Gujarati zu lernen? Was auch immer Ihr Beweggrund sein mag, ich kann Ihnen nur gratulieren. Mit der Kenntnis dieser für uns so exotischen Sprache erlangen Sie den Schlüssel zum besseren Verständnis faszinierender Menschen. Das Gujarati wird im Westen Indiens gesprochen und weist neben einer nicht allzu komplizierten Grammatik einen enorm breiten Wortschatz auf, der noch heute die facettenreiche Geschichte des Bundesstaates Gujarat erahnen lässt. A propos Geschichte: Obwohl Indien von 1856 bis 1947 eine britische Kronkolonie war, wird Englisch nur von den gebildeten Menschen gut gesprochen. Wer jedoch wirklich mit der fremden Kultur in Kontakt treten und mit den Einheimischen kommunizieren will, kommt nicht daran vorbei, einige Wörter in deren Muttersprache Gujarati zu lernen. Im Anhang finden Sie außerdem einen Exkurs für das im Westen gesprochenen Kutchi, womit Sie dann bestens ausgestattet wären. Mit diesen Worten lasse ich Sie nun auf den Inhalt dieses Büchleins los und hoffe, dass Sie schnell Fortschritte machen werden und schon bald die warmherzige Gastfreundschaft der Gujarati zu spüren bekommen. In diesem Sinne: **câlo gujarâtî bolo!** *(los Gujarati sprich-!)* Lassen Sie uns Gujarati sprechen!

Hinweise zur Benutzung

Der Sprechführer „Gujarati" gliedert sich in die drei wichtigen Hauptabschnitte „Grammatik", „Konversation" und „Wörterliste".

Grammatik

Die Grammatik beschränkt sich auf das Wesentliche und ist so einfach gehalten wie möglich. Deshalb sind auch nicht alle Ausnahmen und Unregelmäßigkeiten der Sprache erklärt. Wer nach der Lektüre dieses Büchleins tiefer in die Grammatik des Gujarati eindringen möchte, findet im Anhang Hinweise auf weiterführende Literatur.

Konversation

In diesem Teil finden Sie Sätze aus dem Alltagsgespräch, die Ihnen einen ersten Eindruck davon vermitteln sollen, wie Gujarati „funktioniert" und die Sie auf das vorbereiten sollen, was Sie später in Indien hören werden. Benutzen Sie die Beispielsätze auch als Satzschablonen und -muster, die Sie selbst Ihren Bedürfnissen anpassen.

Wort-für-Wort-Übersetzung

Jedem Wort in Gujarati entspricht ein Wort in der Wort-für-Wort-Übersetzung.

Damit Sie die Wortfolge des Gujarati in den Beispielsätzen nachvollziehen können, ist eine Wort-für-Wort-Übersetzung in kursiver Schrift ergänzt. Wird ein Wort im Gujarati im Deutschen durch zwei Wörter übersetzt, sind diese in der Wort-für-Wort-Übersetzung durch einen Bindestrich verbunden, z. B.:

â bahu kharcâḻ che!
dieses sehr teuer ist
Das ist sehr teuer!

nathî!
nicht-sein
Nein, gibt es nicht.

Werden in einem Satz mehrere Wörter angegeben, die man untereinander austauschen kann, steht ein Schrägstrich.

mane <u>t</u>iki<u>t</u> [ticket]/**pâ<u>n</u>î joîe che.**
mir Briefmarke(w)/Wasser(s) wollend ist
Ich möchte eine Briefmarke/Wasser.

Persönliche Fürwörter, Haupt- und Eigenschaftswörter können im Gujarati gebeugt werden. Es gibt neben dem 1. Fall (ungebeugt) jedoch nur einen weiteren Beugungsfall. Der Zusatz „(g)" kennzeichnet gebeugte Wörter. Die Kennzeichnung „[g]" bedeutet, dass ein Wort an dieser Stelle aufgrund der Grammatik zwar gebeugt werden muss, in diesem speziellen Fall aber wegen seiner lautlichen Beschaffenheit ungebeugt aussieht.

„Mir/mich, dir/dich" etc. werden in der Wort-für-Wort-Übersetzung nicht mit „(g)" gekennzeichnet.

mo<u>t</u>â or<u>d</u>â-mâñ
groß(g) Zimmer(g)-in
im großen Zimmer

bajâr-mâñ
Markt[g]-in
im Markt

Abkürzungen

m	männlich (maskulin)
w	weiblich (feminin)
s	sächlich (neutral)
Ez	Einzahl (Singular)
Mz	Mehrzahl (Plural)
(g)	gebeugtes Wort
[g]	das hier verwendete Wort sieht aufgrund seiner lautlichen Beschaffenheit ungebeugt aus
[...]	englisches Originalwort

Bei aus dem Englischen entlehnten Wörtern wird das englische Originalwort in eckigen Klammern ergänzt.

Mit Hilfe der Wort-für-Wort-Übersetzung können Sie die Beispielsätze leicht Ihren eigenen Bedürfnissen anpassen, auch wenn das Ergebnis nicht immer perfekt ist.

Wörterlisten

Die Wörterlisten am Ende des Buches helfen Ihnen dabei. Sie enthalten einen Grundwortschatz „Deutsch-Gujarati“ und „Gujarati-Deutsch“ von je ca. 1000 Wörtern, mit denen man schon eine Menge anfangen kann.

Umschlagklappe

In der Umschlagklappe finden sich schnell die wichtigsten Angaben zur Aussprache und eine kleine Liste der wichtigsten Fragewörter, Richtungs- und Zeitangaben.

Die Umschlagklappe hilft, die wichtigsten Sätze und Formulierungen stets parat zu haben. Aufgeklappt ist der Umschlag eine wesentliche Erleichterung, da nun die gewünschte Satzkonstruktion mit dem entsprechenden Vokabular aus den einzelnen Kapiteln kombiniert werden kann. Wenn alles nicht mehr weiterhilft, dann ist vielleicht das Kapitel „Nichts verstanden? – Weiterlernen!“ der richtige Tipp. Es befindet sich ebenfalls im Umschlag, stets bereit, mit der richtigen Formulierung für z. B. „Ich habe leider nicht verstanden.“ oder „Wie bitte?“ auszuhelfen.

Über die Sprache

Die offizielle Amtssprache des Landes ist eigentlich das Hindi. In der indischen Verfassung gibt es aber insgesamt 18 offiziell anerkannte Regionalsprachen, von denen die meisten nur in einem Bundesstaat gesprochen werden. Das Gujarati, eine neuindoarische Sprache, ist die Verwaltungs- und Umgangssprache des Bundesstaates Gujarat im äußersten Westen des Landes.

Die Gujaratis gelten in Indien als die Geschäftsleute schlechthin, und seit frühester Geschichte hatten sie die besten Handelsverbindungen. Und so ist es nicht verwunderlich, dass die großen Firmen Indiens weitgehend in den Händen von Gujaratis sind. In Bombay hat deren Sprache heute sogar schon einen semi-offiziellen Stellenwert, und in einigen Regionen der Stadt wird fast nur Gujarati gesprochen.

Aber auch kulturell gesehen ist der Bundesstaat Gujarat hochinteressant. Die Bevölkerungsmehrheit ist hinduistisch. Hier wird der Hinduismus noch weit traditioneller gehandhabt als in anderen Teilen des Landes. Gujarat ist beispielsweise der einzige „Dry State" (alkoholfreie Staat) Indiens. Ferner liegt hier das Zentrum des Jainismus, einer Religion, die aus dem Hinduismus hervorgegangen ist und die besonders durch ihre strengen vegetarischen Essensvorschriften bekannt wurde. Drittens ist der Bundesstaat Gujarat das Gebiet, in dem die persischen Zarathustrier nach der Vertreibung durch die Muslime Zuflucht fanden. Die Zarathustrier sprechen heute ebenfalls Gujarati als Muttersprache. Außerdem gibt es große islamische Minderheiten: Man findet hier Gruppen von Sunniten, Schiiten und Khojas, den Anhängern des Aga Khan.

Im Jahre 1612 gründeten die Briten ihre erste Handelsniederlassung auf dem indischen Subkontinent in Surat im Süden des Bundesstaates. Von jetzt an waren die Gujaratis die offiziellen Handelspartner der Engländer und folgten ihnen, selbst als diese fortan den Handel aus Bombay führten.

Karte von Gujarat

Laut neuesten Zählungen sprechen mehr als 44 Millionen Menschen Gujarati als Muttersprache, womit es zu den 25 meistgesprochenen Sprachen der Welt zählt mit weit mehr Sprechern als beispielsweise Rumänisch, Ukrainisch od. Niederländisch. Auch außerhalb Indiens ist es eine wichtige Sprache, leben doch in Ostafrika, Großbritannien sowie in den USA große Gujarati-Minderheiten. Man denke nur an den typischen Gujarati Familienname Patel, der in den USA automatisch mit den kleinen Hotels am Straßenrand verbunden wird. Nicht umsonst nennt man sie scherzhaft „Patel-Motel“.

Während Hindi in vielen Teilen Indiens sehr hilfreich ist, ist man im Bundesstaat der Händler und Geschäftleute mit Gujarati weit besser beraten, und gerade wer geschäftlich unterwegs ist, sollte nicht auf den Kauderwelschband Gujarati verzichten!

Schon gewusst? Im Bundesstaat Gujarat liegt der Ashram Mahatma Gandhis, von dem aus der Widerstand gegen die Briten organisiert wurde.

Im Bundesstaat Gujarat finden sich unzählige Tempel und Moscheen, das traumhafte Wüstengebiet Kachchh (Kutch) *mit dem* Rann of Kutch, *einem periodisch überfluteten Salzsumpfgebiet an der Grenze zu Pakistan, sowie eine phantastische, touristisch noch gänzlich unerschlossene Küste.*

Die Schrift

Gujarati wird in einer eigenen Schrift geschrieben. Diese Schrift wurde vom Devanagari-Alphabet abgeleitet, das zum Schreiben der nordindischen Sprachen Hindi, Marathi, Nepali und natürlich Sanskrit verwendet wird.

In der folgenden Übersicht wird die in diesem Kauderwelsch-Band verwendete lateinische Lautschrift den Gujarati-Buchstaben gegenübergestellt. Die Reihenfolge hält sich in der folgenden Liste an das Gujarati-Alphabet.

આ	â	છ	ch	બ	b
ઇ	i	જ	j	ભ	bh
ઈ	î	ઝ	jh	મ	m
ઉ	u	ટ	t̲	ય	y
ઊ	û	ઠ	t̲h̲	ર	r
ઋ	r̲	ડ	d̲	લ	l
એ	e	ઢ	d̲h̲	વ	v
ઐ	ai	ણ	n̲	શ	sh
ઓ	o	ત	t	ષ	s̲
ઔ	au	થ	th	સ	s
ક	k	દ	d	હ	h
ખ	kh	ધ	dh	ળ	l̲
ગ	g	ન	n	ક્ષ	ks̲
ઘ	gh	પ	p	જ્ઞ	dny
ચ	c	ફ	ph		

Bitte beachten Sie: Von der Lautschrift lässt sich nicht immer eindeutig auf das Gujarati-Zeichen schließen. Ist es Ihnen jedoch gelungen, die Schriftzeichen in der Tabelle wiederzufinden, können Sie diese in Lautschrift umschreiben.

Aussprache & Umschrift

Um die Beispielsätze ohne Kenntnis der Gujarati-Schrift sofort ablesen zu können, wird in dem vorliegenden Kauderwelsch-Band eine Lautschrift mit lateinischen Buchstaben verwendet. Diese Lautschrift entspricht der international üblichen. Einige Laute könnte man verdeutschen (z. B. v, ai, au), aber dies würde es erschweren, in Lautschrift verfasste andere Wörterbücher zu benutzen.

Mitlaute

Das Gujarati legt vor allem auf die richtige Aussprache der Mitlaute (Konsonanten) großen Wert. Die Reihenfolge der Buchstaben hält sich an das Gujarati-Alphabet.

k	„k" wie in „**K**ino" **kâkâ** (Onkel)
kh	leicht verlängert, behauchtes „k" wie in „Ba**ckh**endel" **kharâb** (schlecht)
g	„g" wie in „**g**ut" **garam** (heiß)
gh	leicht verlängert, behauchtes „g" wie in „Lan**gh**aar" **ghar** (Haus)
c	das deutsche „tsch" wie in „**Tsch**ad". **cor** (Dieb)
ch	leicht verlängert, behauchtes „tsch" wie in „Pat**schh**and" **chatrî** (Regenschirm)
j	stimmhaftes „dsch" wie in „**Dsch**ungel" oder wie „j" im englischen „**J**ohn" **ja<u>n</u>** (Person)

jh/z	leicht verlängert, behauchtes „j“. Aber auch oft wie das stimmhafte „s“ in „**S**auna“. **jhâd** (Baum)
t	ein „t“, bei dem die Zunge nach innen gerollt und gegen den Gaumen gedrückt wird (retroflex) **topî** (Hut)
th	leicht verlängert, behauchtes th wie im englischen „grea**t h**ouse“ **thîk** (gut, o. k.)
d	ein „d“, bei dem die Zunge nach innen gerollt und gegen den Gaumen gedrückt wird (retroflex), klingt auch oft wie das amerikanische „r“ in „g**r**eat“ **dabbo** (Zugabteil)
dh	leicht verlängert, behauchtes d wie im englischen „ma**dh**ouse“. **dhor** (Vieh)
n	Bei diesem Laut handelt es sich um ein nasales „ñ“, bei dem die Zunge nach innen gerollt und gegen den Gaumen gedrückt wird (retroflex). Er klingt wie eine Mischung aus dem amerikanischen „r“ in „g**r**eat“ und dem deutschen „n“. Am besten lässt man ihn sich häufig vorsprechen. **hamnâ** (jetzt)
t	einfaches „t“ wie in „**T**eig“ **tame** (du, ihr, Sie)
th	leicht verlängert, behauchtes „t“ wie in „Ä**th**er“ **thodo**(ein wenig)

Das n ist ist einer der schwierigsten Laute des Gujarati.

d	einfaches „d" wie in „**D**onau" **darjî** (Schneider)
dh	leicht verlängert, behauchtes „d" wie in „Han**dh**abung" **dhîme** (langsam)
n	„n" wie in „**N**uss" **nâm** (Name)
ñ	dieses Zeichen bewirkt, dass der davor stehende Selbstlaut nasal ausgesprochen wird, etwa wie im französischen „réducti**on**", das „n" wird nicht richtig ausgesprochen. **añgrej** (Engländer)
p	ein deutsches „p" wie in „**P**ass" **patra** (Brief)
ph/f	leicht verlängert, behauchtes „p" wie in „Bo**ph**ard". Ähnlich wie bei uns spricht man diesen Laut auch oft wie „ph" (also „f") in „Tele**ph**on" **phon** (Telefon)
b	wie deutsches „b" **bajâr** (Markt, Bazar)
bh	leicht verlängert, behauchtes „b" wie in „Bo**bh**ang" **bhârat** (Indien)
m	„m" wie in „**M**ann" **majâk** (Witz)
y	„j" wie in „**J**ahr" **yuvak** (Jugendlicher)
r	ein gerolltes Zungen-r wie im italienischen „**R**oma" **rasto** (Straße, Weg)

Kauderwelsch-Tonträger
*Falls Sie sich die fremdsprachlichen Sätze und Wörter, die in diesem Buch vorkommen, einmal von einem Einheimischen gesprochen anhören möchten, kann Ihnen Ihre Buchhandlung das begleitende Tonmaterial zu diesem Buch besorgen. Sie bekommen es auch über den Rump-Direktversand oder unseren Internetshop **www.reise-know-how.de** zuzüglich Porto- und Verpackungskosten. Alle Sätze, die Sie auf dem **Kauderwelsch-AusspracheTrainer** hören können, sind mit einem 𝄐 gekennzeichnet. Mehr über den Kauderwelsch-AusspracheTrainer erfahren Sie auf Seite 137.*

l	„l" wie in „**l**aut" **lagan** (Hochzeit, Heirat)
v	Halblaut zwischen „w" und „u" wie im englischen „**wh**at". Nicht wie das deutsche „w" oder „v". Dieser Laut klingt auch oft einfach wie ein langes „u", z. B. in „**U**hr" (vgl. **û**) **varas** (Jahr)
sh	wie „sch" in „**Sch**ule". Dennoch sprechen viele Gujaratis diesen Laut einfach als stimmloses „s" **shâkbhâjî** (Wort)
s̲	dieses „s" wird zwischen „sch" wie in „**Sch**ule" und einem stimmlosen „s" wie in „Bu**s**" gesprochen. **vis̲ay** (Subjekt).
s	stimmloses „s" wie in „Bu**s**" **saphed** (weiß)
h	deutlich gehauchtes „h" wie in „**h**allo" **hiñdu** (Hindu)
l̲	ein retroflexes „l", bei dem die Zunge nach innen gerollt und gegen den Gaumen gedrückt wird. **hal̲vuñmal̲vuñ** (Kokosnuss)

Das s̲ *kommt nur in abstrakten Sanskrit-Lehnwörtern vor und gibt es nicht im Deutschen. Lassen Sie sich diesen und andere schwierige Laute* (t̲, d̲, n̲, l̲) *am besten häufig vorsprechen!*

Selbstlaute

a	kurzes „a" wie in „d**a**nn" **pag** (Fuß, Bein) Steht das **a** am Ende eines Wortes, wird es extrem kurz gesprochen. **mitra** (Freund) (klingt eher wie „mitr")

Die Selbstlaute (Vokale) können sowohl lang als auch kurz ausgesprochen werden.

â	langes „a" wie in „M**a**l" **bâju** (Seite)
i	kurzes „i" wie in „b**i**tte" **islâm** (Islam)
î	langes „i" wie „ie" in „L**ie**be" **garîb** (arm)
u	kurzes „u" wie in „B**u**s" **umar** (Alter)
û	Dieser Laut klingt einfach wie ein langes „u", z. B. in „**U**hr" **pûrva** (Osten)
ṟ	ein gerolltes Zungen-r, auf das ein „u" folgt. Dieser Laut gilt im Gujarati als Selbstlaut. **ṟtu** (Jahreszeit)
e	langes „e" wie in „T**ee**" **be** (zwei)
ai	kurzes „ä" wie in „B**ä**lle" **taiyâr** (fertig)
o	kurzes „o" wie in „s**o**ll" **loko** (Leute)
au	ganz kurzer Laut zwischen „o" und „au" wie im französischen „**au**", nicht wie das deutsche „au"! **sau** (alle, alles)

Seitenzahlen

Um Ihnen den Umgang mit den Zahlen zu erleichtern, wird auf jeder Seite die Seitenzahl auch auf Gujarati in Lautschrift angegeben!

Einige Buchstaben des Gujarati lassen mehrere Aussprachemöglichkeiten zu. Das ist zum Beispiel der Fall bei sh, jh oder ph. Man sollte sich nicht verunsichern lassen, denn die Aussprache variiert meist regional. Es ist nur wichtig, dass man den Laut richtig erkennt.

Betonung

Es werden immer die langen Selbstlaute (â, î, û) eines Wortes betont. Kommen in einem Wort zwei lange Selbstlaute vor, wird der letztere betont. Gibt es keinen langen Selbstlaut, wird der erste kurze betont.

Eine zu übertriebene Betonung der langen Selbstlaute sollte man vermeiden.

dukân	Geschäft
târîkh	Datum, Geschichte
jarman	deutsch

Englische Lehnwörter & Gujarati

Die englische Sprache ist aus Indien nicht mehr wegzudenken. Viele Inder studieren auf Englisch und beherrschen es dementsprechend perfekt. Seit der britischen Kolonialzeit entstand vor allem in den Städten eine Art Mischsprache aus Gujarati und Englisch, die sehr unkonventionell englische Lehnwörter in die Alltagssprache miteinfließen lässt. Der Vorteil für den Anfänger ist, dass man nach Belieben englische Wörter benutzen kann, wenn man z. B. gerade den Begriff auf Gujarati nicht parat hat. Kein Inder wird das merken, und jeder wird Sie verstehen. So verwundert es nicht, dass man im Gujarati viele bereits feststehende Wörter aus dem Englischen findet. Wenn in diesem Buch ein solches verwendet wird, wird in eckigen Klammern außerdem die originale Schreibweise angegeben.

Um zu zeigen, dass es sich um ein Lehnwort handelt, wird das betreffende Wort auch in Beispielsätzen in originaler Schreibweise in eckigen Klammern angeführt, z. B. **ispitâl** [hospital] *(Krankenhaus). Ausdrücke in eckigen Klammern werden auf der Kassette nicht gesprochen.*

Wörter, die weiterhelfen

Die folgenden Wendungen und Vokabeln werden Sie häufig brauchen, Sie benötigen dafür keine Grammatikkenntnisse, sondern können sofort mit dem Sprechen beginnen.

mâph karjo!	**maherbânî!**	**âbhâr!**
Entschuldigung!	Bitte!	Danke!

Gibt es ...?

In die Lückensätze kann man alle passenden Vokabeln aus der Wörterliste unverändert einsetzen.

... che?	**bas** [bus] **che?**	**hâ, che!**
... ist/sind	*Bus ist*	*ja, ist/sind*
Gibt es ...?	Gibt es einen Bus?	Ja, gibt es.

îspîtâl [hospital] **che?**	**nathî!**
Krankenhaus ist	*nicht-sein*
Gibt es ein Krankenhaus?	Nein, gibt es nicht.

Wo ist ...?

... kyâñ che?	**hotal** [hotel] **kyâñ che?**
... wo ist/sind	*Hotel(s) wo ist*
Wo ist ...?	Wo gibt es ein Hotel?

bas stop [bus stop] **kyâñ che?**
Bus Stopp(s) wo ist
Wo ist die Bushaltestelle?

Ich suche ...

huñ ... shodhuñ chuñ.
ich ... suchen bin
Ich suche nach ...

huñ hotal [hotel] **shodhuñ chuñ.**
ich Hotel suchen bin
Ich suche nach einem Hotel.

Ich möchte/will ... (haben).

mane ... joîe che.
mir ... wollend ist
Ich möchte ...

mane ek rum [room] **joîe che.**
mir eins Zimmer(m) wollend ist
Ich möchte ein Zimmer.

In diesen Satz kann man z. B. auch die Wörter der folgenden Liste einsetzen:

d̲okt̲ar [doctor]	Arzt
beñk [bank]	Bank
bas [bus] (w)	Bus
havâi mathak	Flughafen
hot̲al [hotel]	Hotel
îspîtâl [hospital]	Krankenhaus
polîs [police] (w)	Polizei
t̲apâl kacerî	Postamt
t̲eksî [taxi]	Taxi

Wie viel kostet ...?

â ... ket̲luñ che?
dieser ... wieviel ist
Wie viel kostet ... (das da)?

t̲ikit̲ [ticket] **ket̲lâ paisâ thashe?**
Fahrkarte(m) wieviel Gelder(m) werden-wird
Wie viel kostet die Fahrkarte?

Was ist das?

â shuñ che?
dieser was ist
Was ist das?

Hauptwörter & Artikel

Im Gujarati gibt es wie im Deutschen weibliche, männliche und sächliche Hauptwörter (Substantive). Bis auf wenige Ausnahmen bleiben diese ungebeugt. Dazu jedoch später.

grammatisches Geschlecht

Weibliche Hauptwörter enden grundsätzlich auf -î:	**bolî**	Sprache, Dialekt	**gâḏî**	Auto, Wagen, Zug
	khurshî	Stuhl	**râṉî**	Königin
	copḏî	Buch		
Männliche enden meist auf -o *oder einem Mitlaut.*	**rasto**	Straße	**târo**	Stern
	orḏo	Zimmer	**bâg**	Garten
	divas	Tag	**samay**	Zeit
Sächliche Hauptwörter enden meist auf -uñ *oder einem Mitlaut.*	**chokruñ**	Kind	**kûtruñ**	Hund
	châpuñ	Zeitung	**bârṉuñ**	Tür
	s̱teshan	Bahnhof	**nâm**	Name
	savâr	Morgen		

Ähnlich wie im Deutschen lässt sich im Gujarati das grammatische Geschlecht nicht immer klar erkennen, es gibt unzählige Ausnahmen, die man einfach lernen muss.

Folgende Wörter sind z. B. weiblich …	**nishâḻ**	**bas** [bus]	**bahen**	**peñsil** [pencil]
	Schule	Bus	Schwester	Bleistift
… und diese sind männlich:	**mâḻî**	**hâthî**	**dhobî**	**vidyârthî**
	Gärtner	Elefant	Wäscher	Student

Männliche Hauptwörter, die sich auf ein Lebewesen beziehen, können sich auf ein weibliches beziehen, wenn die Endung -o durch -î ausgetauscht wird!

chokro	Junge	**chokrî**	Mädchen
dîkro	Sohn	**dîkrî**	Tochter

Das Gujarati kennt keine Artikel wie im Deutschen („der, die, das"). Wie ein Hauptwort übersetzt wird, hängt also auch vom Zusammenhang ab. So kann purus̱ *(Mann) auch mit „der Mann" oder „ein Mann" übersetzt werden.*

Bei Hauptwörtern, die Personen bezeichnen, bestimmt das natürliche Geschlecht das grammatische, auch wenn das Hauptwort eine untypische Endung hat.

pitâ (m)	Vater	**bâ** (w)	Mutter
pati (m)	Ehemann	**vâhu** (w)	Ehefrau (w)

Volks- und Nationalitätsbezeichnungen können gleichzeitig männlich oder weiblich sein.

jarman [German]	Deutscher, Deutsche
añgrej	Engländer, Engländerin
bhârtîy	Inder, Inderin
pâkistânî	Pakistani
gujarâtî	Gujarati
pañjâbî	Punjabi

In den Wörterlisten dieses Buches (auch im Anhang) werden nur die weiblichen Hauptwörter mit einem (w) und die sächlichen mit einem (s) gekennzeichnet. Alle anderen sind folglich männlich!

Mehrzahl

Um die Mehrzahl (Plural) zu bilden, gibt es mehrere Regeln. Hauptwörter, die auf -o oder -uñ enden, tauschen dieses in der Mehrzahl durch -â bzw. -âñ aus.

Seltener hört man auch noch die ältere Form auf -âo, *z. B.* chokrâo *für „Junge“.*

ghodo	Pferd	**ghodâ**	Pferde
chokro	Junge	**chokrâ**	Jungen
châpuñ	Zeitung	**châpâñ**	Zeitungen
chokruñ	Kind	**chokrâñ**	Kinder

Alle anderen Wörter, ob sie nun auf -a, -â, -î oder einem anderen Buchstaben enden, hängen ein -o an, um die Mehrzahlform zu bilden.

strî	Frau	**strîo**	Frauen
bârî	Fenster	**bârîo**	Fenster
bhâî	Bruder	**bhâîo**	Brüder
bahen	Schwester	**baheno**	Schwestern

Die Mehrzahlform ist im Gujarati jedoch nicht unbedingt zwingend. Vor allem wenn durch ein Zahlwort die genaue Menge bekannt ist, kann das Wort in der Einzahl stehen bleiben.

kerî	**kerîo**	**pâñc kerî**
Mango	Mangos	fünf Mangos

Dieses & Jenes

Das Gujarati kennt keine Artikel. Um etwas Bestimmtes zu bezeichnen, benützt man die hinweisenden Fürwörter (Demonstrativpronomen). Für die räumlich nahe Bezeichnung verwendet man â.

â diese/r/s hier (Einzahl und Mehrzahl)

Für die räumlich ferne Beziehung dagegen benutzt man das Wort pelo, das veränderlich ist. D. h. es wird auch hier zwischen männlich, weiblich und sächlich bzw. Ein- und Mehrzahl unterschieden.

m	**pelo**	jener dort	**pelâ**	jene dort (Mz)
w	**pelî**	jene dort	**pelî**	jene dort (Mz)
s	**peluñ**	jenes dort	**pelâñ**	jene dort (Mz)

Die hinweisenden Fürwörter stehen immer vor dem Hauptwort, auf das sie sich beziehen.

â copdî	dieses Buch
â bilâduñ	diese Katze
pelo mahemân	jener Gast
pelî bâtlî	jene Flasche
peluñ makân	jenes Gebäude

Eigenschaftswörter

Man unterscheidet zwei Arten von Eigenschaftswörtern (Adjektiven): erstens die veränderlichen, die in der männlichen Form auf -o enden, und zweitens die unveränderlichen, die auf einem anderen Buchstaben enden.

moto	groß	**sâph**	sauber

Die Eigenschaftswörter richten sich in Zahl und Geschlecht nach dem zugehörigen Hauptwort. Sie stehen wie im Deutschen immer vor dem Hauptwort, auf das sie sich beziehen.

Die Grundform der veränderlichen Eigenschaftswörter ist immer die männliche Form Einzahl mit der Endung -o. Wie Hauptwörter ersetzen diese für die Mehrzahl das -o durch -â. Für ein weibliches Eigenschaftswort wird -o in der Ein- und Mehrzahl durch -î ersetzt. Für ein sächliches Eigenschaftswort dagegen wird -o in der Einzahl durch -uñ und durch -âñ in der Mehrzahl ersetzt.

moto chokro	großer Junge
motâ chokrâ	große Jungen
kâlî gâdî	schwarzes Auto
kalî gâdîo	schwarze Autos
sâruñ chokruñ	gutes Kind
sârâñ chokrâñ	gute Kinder

Mit unveränderlichen Eigenschaftswörtern ist das Ganze etwas einfacher:

sâph ordo	sauberes Zimmer
sâph ordâ	saubere Zimmer
saras mânas	guter Mensch
saras mânso	gute Menschen

Ich, du, er & sie

Die persönlichen Fürwörter (Personalpronomen) kennen im Unterschied zum Deutschen mehrere Varianten für die Anrede.

huñ	ich
tuñ	du (sehr persönlich und intim)
te	er, sie, es
ame	wir (ohne Gesprächspartner, exkl.)
âpne	wir (mit Gesprächspartner, inkl.)
tame	du, ihr (höflich)
teo	sie (allgemein/Mz)

In welcher Situation man welcher Person wie viel Respekt erweisen muss und welche Anrede gerade angemessen ist, ist ein nicht einfaches Thema. Für den Anfang sollten die nebenstehenden Informationen reichen.

tuñ verwendet man vor allem, wenn man mit kleinen Kindern spricht oder das Gebet an Gott richtet. tuñ ist sehr persönlich und intim und kann verletzend, gar als Beleidigung aufgefasst werden. Dennoch, im ländlichen Gujarat und speziell unter Parsis reden sich gute Freunde oft mit tuñ an.

tame dagegen ist eine Mischung aus unserem „du“ und „Sie“. Man macht nichts verkehrt, wenn man Fremde oder Respektpersonen sowie ältere Leute grundsätzlich mit tame anredet. Wenn man sich in etwa an die deutsche Gewohnheit hält und Unbekannte immer erst mit tame anredet, macht man nichts verkehrt. Im Gujarati gibt es auch ein Wort für unser „Sie“ und zwar âp, das heute allerdings nur noch in der poetischen Sprache benutzt wird.

Wichtig ist auch das Wörtchen pote *(selbst), das dem persönlichen Fürwort nachgestellt werden kann.*

Auch beim Gebrauch von „wir“ muss man eine Kleinigkeit beachten. Der Unterschied zwischen ame (wir) und âpn̲e (wir) ist, dass man einmal den Gesprächspartner außen vor lässt („exkl.“) bzw. ihn mit einbezieht („inkl.“).

tame ist sowohl Einzahl- als auch Mehrzahl-Anredeform. Will man explizit ausdrücken, dass es sich um mehrere Personen handelt, stellt man dem Fürwort loko (Leute) nach.

huñ ane tame.
Ich und du.

huñ pote.
Ich selbst.

huñ ane tame loko.
ich und ihr Leute
Ich und ihr.

Mein & Dein

Die besitzanzeigenden Fürwörter (Possessivpronomen werden wie Eigenschaftswörter behandelt. Hier stehen sie in ihrer männlichen Form.

mâro	mein
taro	dein (persönlich)
teno	sein (m/s), ihr
amâro	unser (exkl.)
âpan̲o	unser (inkl.)
tamâro	dein, euer (höflich)
teono, temno	ihr (Mz)

mâro ṯikiṯ [ticket]	meine Fahrkarte
mârâ paisâ	mein Geld
meine Gelder(m)	
tamarî gâḏî	dein Auto
tarî baheno	deine Schwestern
teonâñ kapḏâñ	ihre Kleider (a.: Kleidung)

Die besitzanzeigenden Fürwörter haben die gleichen Endungen wie die veränderlichen Eigenschaftswörter und richten sich in Zahl und Geschlecht nach dem dazugehörigen Hauptwort. Sie werden ebenfalls immer vorangestellt.

âditî amarî bhatrîjî che.
Aditi unsere Cousine(w) ist
Aditi ist unsere Cousine.

Da man Respektspersonen in der Mehrzahlform tame anspricht, wird diese grammatikalisch in der Mehrzahl gebeugt. Wenn man vom eigenen Vater spricht, sollte man also mârâ pitâ sagen (und nicht mâro pitâ)!

â strîo moṯî che.
diese Frauen große(w) sind
Diese Frauen sind groß (dick).

â strîo moṯâñ che.
diese Frauen große(s,Mz) sind
Diese Frauen sind groß (dick). *(sehr höflich)*

Will man Frauen gegenüber sehr höflich sein, ersetzt man die weibliche durch die sächliche Mz.-Form.

das besitzanzeigende Verhältniswort „no"

te Nagîn-no bhâî che.
er Nageen(m)-von(m) Bruder(m) ist
Das ist Nageens Bruder.

â Nareñdra-nuñ ghar che.
dieses Narendra(m)-von(s) Haus(s) ist
Dies ist Narendras Haus.

Auch das Verhältniswort no *(von) kann einen Besitz kennzeichnen. Es verhält sich wie ein Eigenschaftswort.*

Verben & Zeiten

Die Tätigkeitswörter (Verben) sind im Gujarati ein sehr umfassendes, wenn auch nicht kompliziertes Kapitel. Es gibt verschiedene Zeitformen, die entweder unabhängig oder zusammengesetzt gebildet werden. Im Rahmen dieses Buches werden nur die wichtigsten vorgestellt.

Grundform

Die Grundform der Verben ist zusammengesetzt aus dem Stamm und der Endung -vuñ.

kar-vuñ	**âv-vuñ**	**khâ-vuñ**	**ho-vuñ**
machen	kommen	essen	sein

„sein" in der Gegenwart

Das unregelmäßige Verb hovuñ (sein) kann im Gujarati Vollverb und Hilfsverb sein, wird also auch zur Bildung einiger Zeitformen benötigt.

In der ersten Spalte steht das passende persönliche Fürwort.

huñ	**chuñ**	ich bin
tuñ	**che**	du bist (persönl.)
te	**che**	er/sie/es ist
ame	**chîe**	wir sind (exkl.)
âpne	**chîe**	wir sind (inkl.)
tame	**cho**	du bist (höflich), ihr seid
teo	**che**	sie sind

â mâro sâmân che.
dieses mein Gepäck(m) ist
Das ist mein Gepäck.

te tamâro mitra che.
er dein Freund(m) ist
Er ist dein Freund.

hovuñ *steht – wie auch alle anderen Verben – immer am Satzende.*

huñ jarman [German] **chuñ.**
ich Deutscher bin
Ich bin Deutsche/r.

andere Verben in der Gegenwart

Um die Gegenwart zu formen, ersetzt man die Grundformendung -vuñ durch personenspezifische Endungen. Diese Endungen werden im Folgenden am Verb karvuñ (machen, tun) dargestellt. Die so entstandenen Verbformen werden mit dem gebeugten, bereits bekannten Verb hovuñ (sein) kombiniert.

Das persönliche Fürwort (oder ein Hauptwort, das als Satzgegenstand fungiert) steht der Satzaussage immer voran.

huñ	**kar-uñ**	**chuñ**	ich bin
tuñ	**kar-e**	**che**	du bist (persönl.)
te	**kar-e**	**che**	er/sie/es ist
ame	**kar-îe**	**chîe**	wir sind (exkl.)
âpne	**kar-îe**	**chîe**	wir sind (inkl.)
tame	**kar-o**	**cho**	du bist (höfl.), ihr seid
teo	**kar-e**	**che**	sie sind

Das Verb karvuñ (machen, tun) wird oft mit Hauptwörtern wie kâm (Arbeit), phon (Telefon), bukiñg (Reservierung) usw. verbunden.

Streng genommen müsste man karuñ *wörtlich mit „machend" übersetzen, worauf hier aber verzichtet wird.*

huñ âje kâm karuñ chuñ.
ich heute Arbeit(s) machen bin
Ich arbeite heute.

hamnâ te phon kare che.
jetzt er Telefon(m) machen ist
Er telefoniert gerade.

Genauso verhalten sich auch alle anderen Verben, wie z. B. bolvuñ (sprechen), âvvuñ (kommen) oder khâvuñ (essen).

huñ gujarâtî boluñ chuñ.
ich Gujarati sprechen bin
Ich spreche Gujarati.

Khicheree *ist ein aus Tapioca, Reis und Linsen bestehender Snack.*

tame gujarât âvo cho.
du Gujarat kommen bist
Du kommst nach Gujarat.

ame khîcdî khâîe chîe.
wir Khicheree essen sind
Wir essen Khicheree.

können

In Sätzen, in denen shakvuñ (können) vorkommt, entfällt das -vuñ der Grundform des ergänzten Verbs und wird durch -î ersetzt. shakvuñ dagegen wird regelmäßig gebeugt.

huñ gujarâtî bolî shakuñ chuñ.
ich Gujarati(w) sprechen(-î) können bin
Ich kann Gujarati sprechen.

tuñ âvî shake che?
du kommen(-î) können bist
Kannst du kommen?

tame photo [photo] **kâdhî shako cho.**
du Foto(m) zeichnen(-î) können bist
Du kannst (darfst) ein Foto machen.

Vergangenheit

Die Vergangenheitsform ist ein nicht ganz einfaches Kapitel. Allerdings muss man sie als echter „Kauderwelschler" ja nicht allzu oft benutzen. Es werden hier deshalb nur die wichtigsten Versionen angeführt, um einen kleinen Einblick zu geben. Wer perfekt werden will, sollte einen längeren Aufenthalt in Gujarat planen.

„sein" in der Vergangenheit

In der Vergangenheit wird der Stamm von hovuñ (sein) zu ha-. Daran hängt man nun die spezifischen Perfektendungen, die sich – anders als bei der Gegenwart – geschlechtsspezifisch verändern.

	m	w	s
huñ	**ha-to**	**ha-tî**	–
tû	**ha-to**	**ha-tî**	–
te	**ha-to**	**ha-tî**	**ha-tuñ**
ame	**ha-tâ**	**ha-tâñ**	–
âpne	**ha-tâ**	**ha-tâñ**	–
tame	**ha-tâ**	**ha-tâñ**	–
teo	**ha-tâ**	**ha-tâñ**	**ha-tâñ**

Die Endungen beziehen sich auf den Satzgegenstand (Subjekt).

huñ ahîñ hato/hatî.
ich hier war(m/w)
Ich war hier.
(sagt Mann/Frau)

tame tyâñ hatâ/hatâñ?
du dort warst(m/w)
Warst du dort?
(sagt man zu Mann/Frau)

Es wird immer die männliche Mehrzahlform benutzt, wenn nicht explizit zum Ausdruck kommt, dass es sich um eine reine Gruppe von Frauen handelt.

teo mâñdâ hatâ.
sie krank waren
Sie waren krank.

weitere Verben in der Vergangenheit

Um andere Verben in die Vergangenheit zu setzen, ersetzt man die Grundformendung -vuñ durch -yo. Diese Endung richtet sich wieder in Zahl und Geschlecht nach der Bezugsperson (also wie veränderliche Eigenschaftswörter). Als Beispiel sei hier das Verb âvvuñ (kommen) angeführt.

Merke: Bei den weiblichen Formen wird aus -yo *ein* -î.

	m	w	s
Ez	**âv-yo**	**âv-î**	**âv-yuñ**
Mz	**âv-yâ**	**âv-î**	**âv-yâñ**

huñ kâle âvyo/âvî.
ich gestern kam(m/w)
Ich kam gestern. *(sagt Mann/Frau)*

gâ<u>d</u>î mo<u>d</u>î âvî.
Zug(w) spät kam(w)
Der Zug kam zu spät.

Im Unterschied zu anderen indischen Sprachen kennt das Gujarati nur wenige Unregelmäßigkeiten.

javuñ	gehen	**gayo**	ging
pîvuñ	trinken	**pîdho**	trank
khâvuñ	essen	**khâdho**	aß

wichtige unregelmäßige Verben

zielende und nicht-zielende Verben

Wenn es doch nur so einfach wäre! Im Gujarati unterscheidet man aber außerdem noch zwischen transitiven (zielenden) und intransitiven (nicht-zielenden) Verben. So macht es im Gujarati einen Unterschied, ob man sagt „ich kam an“ (nicht-zielendes Verb) oder „ich las ein Buch“ (zielendes Verb, „ein Buch“ ist die Satzergänzung im 4. Fall).

Im Gujarati muss man den letzteren Satz passiv formulieren: „Von mir wurde ein Buch gelesen“. Das Verb muss dann in Geschlecht und Zahl mit der Satzergänzung (Objekt), und nicht mit dem Satzgegenstand (Subjekt) übereinstimmen. Hier zwei Beispiele mit dem Verb vâñcvuñ (lesen).

„Zielende“ Verben können eine Satzergänzung, die im Deutschen dem 4. Fall entspricht (Akkusativobjekt), z. B. „geben, trinken, nehmen, machen“, „nicht-zielende“ dagegen nicht, z. B. „weinen, gehen“.

te-ne kâgal vâñcyo.
ihm-von Brief(m) las(m)
Von ihm wurde der Brief gelesen. / Er las den Brief.

te-ne copdî vâñcî.
ihm-von Buch(w) las(w)
Von ihm wurde das Buch gelesen. / Er las das Buch.

te-ne châpuñ vâñcyuñ.
ihm-von Zeitung(s) las(s)
Von ihm wurde die Zeitung gelesen. / Er las die Zeitung.

Hier geht es nicht darum, ob der Sprecher männlich oder weiblich ist, sondern das Verb passt sich an das grammatische Geschlecht der Satzergänzung an.

Das Wörtchen -ne übernimmt hierbei unser deutsches „von“ oder „durch“. Es wird allerdings nicht bei allen Formen verwendet.

meñ	von mir
teñ	von dir
tene	von ihm/ihr/ihm (es)
ame	von uns (exkl.)
âpne	von uns (inkl.)
tame	von dir/euch
teoe, temne	von ihnen

Rotli sind die dünnen Fladenbrote Gujarats.

meñ rotlî khâdhî.
mir-von Rotli(w) aß(w)
Ich aß Rotli.

teñ pânî pîdhuñ.
dir-von Wasser(s) trank(s)
Du trankst Wasser.

An Namen hängt man ein -e an, um dieses „durch, von“ auszudrücken.

Kundan-e kâgal lakhyo.
Kundan-von Brief(m) schrieb(m)
Kundan schrieb einen Brief.

Übrigens gelten die nebenstehenden Verben im Gujarati als intransitiv (nichtzielend), und deswegen muss die oben beschriebene Regel nicht angewandt werden!

advuñ	anfassen, berühren
bhanvuñ	lernen, studieren
bhûlvuñ	vergessen
bolvuñ	sprechen
cûkvuñ	verlieren (Spiel), verpassen (Zug, Flugzeug etc.)
lâvvuñ	bringen
pâmvuñ	bekommen, kriegen
samajvuñ	verstehen
shîkvuñ	lernen

huñ badhuñ bhûlî gayo/gaî.
ich alles vergessen(-î) ging(m/w)
Ich (m/w) habe alles vergessen.

Im nebenstehenden Satz unterscheidet sich übrigens die weibliche Mehrzahlform nicht von der der Einzahl!

ame ghanî gujarâtî bolyâ/bolî.
wir viel(w) Gujarati(w) sprachen(m/w,Mz)
Wir (m/w) haben viel Gujarati gesprochen.

zusammengesetzte Vergangenheit

Neben der einfachen Vergangenheit gibt es die zusammengesetzte Vergangenheit, bei der man die Vergangenheitsform des Verbs mit dem Verb hovuñ (sein) kombiniert. Diese Vergangenheitsform zeigt, dass die Handlung in der Vergangenheit begonnen hat und noch bis in die Gegenwart wirkt.

huñ gaî kâle âvyo/âvî chuñ.
ich ging gestern kam(m/w) bin
Ich (m/w) bin vorgestern (an-)gekommen.
(... und bin noch hier)

Der Begriff gaî kâle (ging gestern) steht für unser „vorgestern".

Auch für die „Mutter" gilt die höfliche Mehrzahlform, weswegen das Verb auch in der Mehrzahl steht.

mârî bâ gaî che.
meine Mütter(w) gingen(w) ist
Meine Mutter ist (weg)gegangen.
(... und ist noch nicht wiedergekommen)

Zukunft

Für die Bildung der Zukunftsform fügt man an den Verbstamm bestimmte Endungen an.

	kar-vuñ (tun)	**ja-vuñ** (machen)
huñ *ich*	**kar-îsh** *tun-werde*	**ja-îsh** *machen-werde*
tuñ	**kar-she**	**ja-she**
te	**kar-she**	**ja-she**
ame	**kar-îshuñ**	**ja-îshuñ**
âpne	**kar-îshuñ**	**ja-îshuñ**
tame	**kar-sho**	**ja-sho**
teo	**kar-she**	**ja-she**

Der Begriff âvtî kâle *(kommend morgen) steht für unser „morgen".*

huñ âvtî kâle phon [phone] **karîsh.**
ich kommend morgen Telefon(m) machen-werde
Ich werde morgen anrufen.

ame phal kharîdîshuñ.
wir Obst(s) kaufen-werden
Wir werden Obst kaufen.

tame ahîñ rokâsho?
ihr hier bleiben-werdet
Werdet ihr hier bleiben?

„sein" in der Zukunft

Die Zukunftsform von hovuñ *(sein) wird regelmäßig gebildet.*

huñ	**ho-îsh**	ich werde sein
tuñ	**ho-she**	du wirst sein
te	**ho-she**	er/sie/es wird sein
ame	**ho-îshuñ**	wir werden sein (exkl.)
âpne	**ho-îshuñ**	wir werden sein (inkl.)
tame	**ho-sho**	du (höfl.) wirst sein, ihr werdet sein
teo	**ho-she**	sie werden sein

Die Beugung

Das Gujarati kennt auch eine Beugung, wobei es allerdings nur einen Fall gibt, der in etwa unserem 3. und 4. Fall (Dativ und Akkusativ) entspricht und in bestimmten Konstruktionen angewandt wird.

Beugung der Hauptwörter

Eine dieser Konstruktionen ist die Verbindung mit einem Verhältniswort (Präposition). Bei dieser Beugung verändern sich jedoch nur die Hauptwörter in der Einzahl, und zwar nur die männlichen, die auf -o, und die sächlichen, die auf -uñ enden. Hierbei wird die Endung -o bzw. -uñ durch -â ersetzt.

ordo	**ordâ-mâñ**
Zimmer(m)	*Zimmer(g)-in*
Zimmer	im Zimmer
châpuñ	**châpâ-mâñ**
Zeitung(s)	*Zeitung(g)-in*
Zeitung	in der Zeitung

In diesen Beispielen wird zur Veranschaulichung das Verhältniswort -mâñ (in) benutzt. Damit man erkennt, wann ein Wort gebeugt wird bzw. werden muss, wird es in der Wort-für-Wort Übersetzung durch „(g)" als Abkürzung für „gebeugt" gekennzeichnet.

Achtung: Steht das „[g]“ in eckigen Klammern, muss ein hier eingesetztes Wort zwar gebeugt werden, das aktuelle zeigt jedoch keine Beugungsendung.

Weibliche Hauptwörter sowie Wörter, die auf einem Selbstlaut enden oder in der Mehrzahl stehen, kennen diese abweichende Beugungsform nicht.

bajâr	**bajâr-mâñ**	**gâd̲î**	**gâd̲î-mâñ**
Markt(w)	*Markt[g]-in*	*Auto(w)*	*Auto[g]-in*
Markt	im Markt	Auto	im Auto

Auch die veränderlichen Eigenschaftswörter weisen das oben gezeigte Beugungsmuster auf:

mot̲o ord̲o	**mot̲â ord̲â-mâñ**
groß Zimmer(m)	*groß(g) Zimmer(g)-in*
großes Zimmer	im großen Zimmer

nânuñ steshan	**nânâ steshan-mâñ**
klein Bahnhof(s)	*klein(g) Bahnhof[g]-in*
kleiner Bahnhof	im kleinen Bahnhof

mir & mich

Die persönlichen Fürwörter kennen im Gujarati zwei gebeugte Formen. Diese Formen werden beide mit unserem Dativ oder Akkusativ übersetzt. Die erste Form (auf -ne) ist die gebräuchlichste. Wer nur diese verwendet, spricht grammatikalisch richtig, wenn auch etwas umgangssprachlich. Die zweite Form (auf -re) wird hauptsächlich in feststehenden Redewendungen gebraucht. Vor allem in Ahmadabad kann man sie des Öfteren hören.

Wer sich trotzdem an die erste hält, macht auch nichts falsch.

...-ne	...-re	
mane	**mâre**	mir, mich
tane	**târe**	dir, dich
tene	**tene**	ihn, ihm, ihr
amne	**amâre**	uns (exkl.)
âpanne	**âpne**	uns (inkl.)
tamne	**tamâre**	euch, dir, dich
teone, temne	**teoe, temne**	ihnen, sie

huñ tane â tikit [ticket] **âpuñ chuñ.**
ich dir dieses Ticket(m) geben bin
Ich gebe dir dieses Ticket.

ame ahîñ tamne malshuñ.
wir hier dich treffen-werden
Wir treffen dich hier.

Diese Form der persönlichen Fürwörter wird auch in speziellen Ausdrücken und mit bestimmten Verben gebraucht, bei denen sich das Verb in Zahl und Geschlecht immer nach der Satzergänzung (Objekt) und nicht nach dem Satzgegenstand (Subjekt) richtet.

mane khabar che.
mir Wissen(w) ist
Ich weiß.

mane ... bhâve che.
mir ... mögen ist
Ich mag ...
(speziell bei Speisen)

mane lâge che ke ...	**mane sâruñ lâge che.**
mir fühlen ist dass ...	*mir gut fühlen ist*
Mir scheint, dass ...	Es scheint mir gut (zu sein).

mane thây che ke ...	**mane yâd che.**
mir werden ist dass ...	*mir Erinnerung(w) ist*
Ich denke, dass ...	Ich erinnere mich.

mane gujarâtî âva<u>d</u>e che.
mir Gujarati wissen ist
Ich spreche Gujarati.

mane samaj pa<u>d</u>e che.
mir Verständnis(w) fallen ist
Ich verstehe.

Das Verb lâ<u>gn</u>e, das „berühren, scheinen, anwenden“, aber auch „beginnen“ heißen kann, steht zum Beispiel auch oft mit der selbstständigen Form.

mane bhûkh lâge che.	**mane taras lâge che.**
mir Hunger(w) fühlen ist	*mir Durst(w) fühlen ist*
Ich habe Hunger.	Ich habe Durst.

mane garmî lâge che.
mir Hitze(w) fühlen ist
Mir ist heiß.

mane thâk lâge che.
mir Müdigkeit(m) fühlen ist
Ich bin müde.

Wollen, Sollen & Brauchen

Um die deutschen Modalverben im Gujarati auszudrücken, muss man den Satz anders konstruieren als im Deutschen, da es im Gujarati keine vergleichbaren Hilfsverben gibt.

wollen

Um „wollen" und „müssen" auszudrücken, stehen mehrere Konstruktionen zur Auswahl. Allen gemeinsam ist, dass sie mit der selbstständigen Form der gebeugten persönlichen Fürwörter stehen.

mane cop<u>d</u>î joîe che.
mir Buch(w) wollend ist
Ich möchte ein Buch.

amne câ joîe che.
uns Tee(w) wollend ist
Wir wollen/möchten Tee.

joîe *bedeutet wörtlich „wollend" und ist unveränderlich.*

Um „wollen" in Verbindung mit einem Verb auszudrücken, benötigt man die Grundform des Verbs auf -vuñ und die gebeugte Form von hovuñ.

mane gher javuñ che.
mir Haus(s) gehen ist
Ich möchte nach Hause gehen.

sollen

Wird joîe (wollend) mit einem Verb verbunden, erhält es die Bedeutung von „sollen". Die die gebeugte Verbform von „sein" entfällt.

tane mumbaî javuñ joîe.
dich Mumbai gehen wollend
Du solltest nach Mumbai (Bombay) fahren.

müssen „Müssen" in Verbindung mit einem Verb wird durch das Verb padvuñ (fallen, passieren) in dessen Zukunftsform ausgedrückt.

tamne gujarâtî shîkvuñ padshe.
euch Gujarati lernen fallen-wird
Ihr müsst Gujarati lernen.

brauchen „Brauchen" umschreibt man auf Gujarati mit der unveränderlichen Konstruktion -nî jarûr che, das direkt an das benötigte Hauptwort angefügt wird.

Zu beugende Hauptwörter werden zunächst gebeugt, bevor die unveränderliche Konstruktion angefügt wird.

mane khorâk-nî jarûr che.
mir Essen(m)[g]-von Notwendigkeit(w) ist
Ich brauche (etwas zu) essen.

amne sastâ rum-nî [room] **jarûr che.**
uns billig(g) Zimmer[g]-von Notwendigkeit(w) ist
Wir brauchen ein billiges Zimmer.

tamne ordâ-nî jarûr che.
dir Zimmer(m)(g)-von Notwendigkeit(w) ist
Du brauchst ein Zimmer.

Bindewörter

Die Bindewörter (Konjunktionen) sind ein wichtiger Teil des Gujarati. Man sollte sie sich gut einprägen und versuchen sie so oft wie möglich anzuwenden. Sie werden im Großen und Ganzen wie im Deutschen verwendet.

ane	und
pan	auch
pan, a.: **parañtu**	aber
athvâ	oder
ke	dass
ke ... ke ...	entweder ... oder ...
kem ke, a.: **kâran ke**	denn; weil
te mâte, tethî	deswegen, aus diesem Grund
to	dann
agar, a.: **jo**	wenn
joke	obwohl
te mâte	damit, um zu (konsek.)
jyâre	während
phakta, a.: **khâlî**	nur
mujab	wie; so wie

pan â bahu kharâb che!
aber dieser sehr schlecht ist
Das ist aber sehr schlecht!

huñ ane tame.
ich und du
Ich und du.

amne phakta jovuñ che.
uns nur schauen ist
Wir wollen nur schauen. (in einem Geschäft)

Verhältniswörter

Verhältniswörter (hier: Postpositionen) werden dem Wort, auf das sie sich beziehen, nachgestellt. Hauptwörter werden dabei nach den im Kapitel „Die Beugung“ beschriebenen Beugungsregeln gebeugt.

Einige Verhältniswörter werden immer mit vorangestelltem -nâ, -nî *oder* -ne *(alle „von“) verbunden.*

-ne mâṯe	für
(-nî) sâthe	mit
-nâ vagar, a.: **sivây**	ohne
-nî bahâr	außen, außerhalb von
-nî añdar	innen; in
-mâñ	in (räuml./zeitl.)
-ne	durch; von
par, a.: **-nî upar**	auf, über; darüber
nîce	unter; unten
-thî, a.: **mâñthî**	von, aus
-nî âgaḻ	vor, davor (räuml.)
pahelañ	vor, bevor (zeitl.)
-nî pachî	nach; nachdem (räumlich/zeitlich)
-pâchaḻ	hinter
-nî sâme	gegenüber
-ne pâse	bei, daneben
ḏâbuñ	links von
jamṉuñ	rechts von
vâpas	zurück
vacce	zwischen

Die deutschen Verhältniswörter „zu, nach“ (Richtung) werden im Gujarati nicht ausgedrückt (im Unterschied zu anderen nordindischen Sprachen). Das Wort, zu dem eine Richtung angezeigt werden soll, bleibt einfach unverändert.

amdâvâd-thî bahu dûr che?
Ahmadabad-von sehr weit ist
Ist es sehr weit von Ahmadabad?

relgâ<u>d</u>î-nî añdar peñtrî kar [pantry car] **che?**
Zug[g]-von drinnen Restaurant Wagen(m) ist
Gibt es einen Speisewagen in diesem Zug?

ho<u>t</u>al-nî [hotel] **sâme roko!**
Hotel(g)-gegenüber anhalte-!
Halten Sie bitte gegenüber des Hotels!

Will man nun diese Form der Verhältniswörter mit den persönlichen Fürwörtern verbinden („für dich, mit dir" etc.), dann verwendet man statt der gebeugten persönlichen Fürwörter die besitzanzeigenden, die sich dann in Zahl und Geschlecht nach der Satzergänzung richten.

Das Verb pîvuñ *(trinken) ist transitiv und steht im nebenstehenden Satz mit einer weiblichen Satzergänzung* (câ) *und muss deshalb auch in seiner Grundform weiblich sein. Aus diesem Grund verändert sich die sächliche Grundformendung* -vuñ *hier in* -vî.

mane tarî sâthe câ pîvî che.
mir deine(w) mit Tee(w) trinken(w) ist
Ich möchte mit dir Tee trinken (gehen).

â bhe<u>t</u> tamâre mâ<u>t</u>e che.
dieses Geschenk(w) Euer(w) für ist
Dieses Geschenk ist für Sie.

Haben

Das Verb „haben" ist im Gujarati kein Hilfsverb wie im Deutschen, das zur Bildung zusammengesetzter Zeitstufen benötigt wird. Es wird nur und immer im Sinne von „besitzen" verstanden. Man konstruiert es durch das besitzanzeigende Fürwort (und zwar immer in der weiblichen Form!) plus nachgestelltem pâse (bei, mit). Am Satzende steht das gebeugte Verb hovuñ (sein). Im übertragenden Sinne hieße das „mit meinem/deinem ... ist".

Achtung! Das besitzanzeigende Fürwort steht immer in der weiblichen Form und bezieht sich nicht auf das besessene Hauptwort.

mârî pâse navî gâdî che.
meine(w) mit neu Auto(w) ist
Ich habe ein neues Auto.

mârî pâse paisâ che.
meine(w) mit Gelder(m) sind
Ich habe Geld.

Diese Konstruktion wird allerdings nur bei beweglichen, nicht lebendigen Gegenständen verwendet. Spricht man dagegen von Körperteilen oder auch Freunden und Verwandten, gebraucht man die gebeugten Formen der persönlichen Fürwörter plus ebenfalls dem Verb hovuñ (sein).

amne be chokrâñ che.
uns zwei Kinder(s) sind
Wir haben zwei Kinder.

Fragen

Wie im Deutschen muss man zwischen Entscheidungs- und Satzfragen unterscheiden.

Entscheidungsfragen

Um Entscheidungsfragen zu stellen, hebt man am Ende eines normalen Aussagesatzes leicht fragend die Stimme an. Auf Entscheidungsfragen kann man nur mit „ja", „nein" oder „vielleicht" antworten.

tane bhûkh lâge che?
dir Hunger(w) fühlen ist
Hast du Hunger?

â bas [bus] **Surat jây che?**
dieser Bus(w) Surat gehen ist
Fährt dieser Bus nach Surat?

jây ist übrigens die unregelmäßige Beugungsform des Verbs javuñ (gehen) in der 2. und 3. Person Ez und in der 3. Person Mz.

Will man besonders betonen, dass es sich um eine Frage und eben nicht um einen Aussagesatz handelt, kann man das Wörtchen shuñ (was?) voranstellen.

shuñ â jagyâ tamârî che?
was dieser Platz(w) Ihrer(w) ist
Ist das Ihr Platz?

Satzfragen/Ergänzungsfragen

Satzfragen werden mit Fragewörtern gebildet und verlangen einen vollständigen Satz als Antwort. Die wichtigsten Fragewörter sind:

Die mit Sternchen (*) gekennzeichneten Fragewörter richten sich in Zahl und Geschlecht nach dem dazugehörigen Hauptwort!

kon?	wer?
kayuñ?* (m, s)	welches/r?
kaî? (w)	welche?
shuñ?	was?
che?, a.: **malshe?**	gibt es?
kyâre?	wann?
shâ mâte?	warum?
kyâñ?	wo?; wohin?
kyâñthî	woher?
ketluñ?*	wie viel?; wie viele?
kem?	wie?
kevuñ?*	(auf) welche Art/Weise?

kem (wie) verwendet man z. B. in Formulierungen wie „wie geht's?", kevuñ (auf welche Art und Weise) braucht man, um z. B. nach Transportmitteln usw. zu fragen.

âje tuñ shuñ kare che?
heute du was machen bist
Was machst du heute?

kaî gâdî Mumbaî jây che?
welcher Zug(w) Mumbai gehen ist
Welcher Zug fährt nach Mumbai (Bombay)?

Vadodara (vormals Baroda) ist eine der großen Städte im Bundesstaat Gujarat.

tame kyâre Vadodarâ hosho?
Ihr wann Vadodara sein-werdet
Wann werden Sie in Vadodara sein?

Auffordern & Befehlen

Für das vertrauliche tuñ verwendet man in der Aufforderung das Verb ohne die Grundformendung -vuñ.

sâñbhal-vuñ	hören
sâñbhal!	hör!
kar-vuñ	machen
kar!	mach!

Für das etwas höflichere tame hängt man an den Verbstamm ein -o an. In der Wort-für-Wort-Übersetzung wird dies durch ein Ausrufezeichen kenntlich gemacht.

sâñbhal-vuñ	hören
sâñbhalo!	höre!; hören Sie!
kar-vuñ	machen
karo!	mach!; machen Sie!

sîdhâ hâñko!
geradeaus fahr-!
Fahren Sie geradeaus!

mane ek câ lâvo!
mir ein Tee(w) bring-!
Bringen Sie mir einen Tee!

Sehr häufig wird im Gujarati auch die Zukunftsform des Verbs gebraucht, um eine höfliche Aufforderung auszudrücken.

tame dâbî bâju val-sho!
du links(w) Seite(w) abbiegen-wirst
Biegen Sie nach links ab!

Verneinung

Die Verneinung des Gujarati ist ein umfassendes Thema. Um Sätze, in denen nur „sein" und kein anderes Verb vorkommt, zu verneinen, braucht man das unveränderliche Wörtchen nathî (nicht sein). In einfachen Sätzen ersetzt nathî die Formen des Verbs hovuñ (sein).

huñ udâs chuñ.	**huñ udâs nathî.**
ich traurig bin	*ich traurig nicht-sein*
Ich bin traurig.	Ich bin nicht traurig.

„Nein" heißt auf Gujarati nahîñ oder nâ, *„nichts" heißt* kaî nahîñ *und „nie" heißt* kadî nahîñ.

Um andere Verben zu verneinen, braucht man in der Gegenwart die negative Verlaufsform des Verbs. Diese bildet man, indem man an den Verbstamm die Endung -tuñ anhängt. Diese Endung variiert je nach Geschlecht und Zahl des Sprechers genauso wie ein veränderliches Eigenschaftswort. Darüber hinaus stellt man dem gebeugten Verb das Verneinungswörtchen nathî vor oder nach.

huñ gujarâtî boluñ chuñ.
ich Gujarati sprechen bin
Ich spreche Gujarati.

huñ gujarâtî bolto/boltî nathî.
ich Gujarati sprechend(m/w) nicht-sein
Ich spreche nicht/kein Gujarati.
(sagt Mann/Frau)

âje tame âvo cho.
heute ihr kommen seid.
Ihr kommt heute.

âje tame âvtâ/âvtî nathî.
heute ihr kommend(m/w) nicht-sein
Ihr kommt heute nicht.
(sagen Männer/Frauen)

Das Wörtchen „nicht“ gibt es im Gujarati ebenfalls, es heißt nahîñ. Man verwendet es speziell bei der Verneinung von Aufforderungen und in der Zukunft.

â pâ<u>n</u>î nahîñ pîo!
dieses Wasser(s) nicht trinke-!
Trinken Sie dieses Wasser nicht!

ame te nahîñ karîshuñ!
wir es nicht machen-werden
Wir werden das nicht tun!

Will man hovuñ (sein) in der Vergangenheit verneinen, stellt man ihm na voran.

huñ gujarât-mâñ na hato/hatî.
ich Gujarat-in nicht war(m/w)
Ich war nicht in Gujarat. *(sagt Mann/Frau)*

huñ bhârat-mâñ kadî nahîñ hato/hatî.
ich Indien-in nie nicht war(m/w)
Ich war noch nie in Indien. *(sagt Mann/Frau)*

Zahlen & Zählen

Telefonnummern nennt übrigens jeder, zumindest in den Städten, mit englischen Ziffern!

Dieses Kapitel gehört wohl zu den schwierigsten im Gujarati. Es gibt nämlich für alle Zahlen von eins bis hundert einen eigenen Namen und nicht wie bei uns Zusammensetzungen. Die gute Nachricht ist, dass man auch die englischen Zahlen nehmen kann und damit so gut wie immer verstanden wird.

Grundzahlen

Da die Seitenzahlen auf jeder Buchseite ausgeschrieben werden, nennen wir hier nur die Zahlen von 0 bis 10.

૦	0	**shunya**			
૧	1	**ek**	૬	6	**cha**
૨	2	**be**	૭	7	**sât**
૩	3	**tran**	૮	8	**âth**
૪	4	**câr**	૯	9	**nav**
૫	5	**pâñc**	૧૦	10	**das**

101	**ekso ek**	*eins-hundert eins*
102	**ekso be**	*eins-hundert zwei*
200	**baso**	*zwei-hundert*
300	**transo**	*drei-hundert*
1.000	**ek hajâr**	*eins tausend*
2.000	**be hajâr**	*zwei tausend*
10.000	**das hajâr**	*zehn tausend*
100.000	**ek lâkh**	*eins hunderttausend*
1.000.000	**das lâkh**	*zehn hunderttausend*
10.000.000	**ek karod**	*eins zehnmillionen*
1 Mill.	**ek abaj**	*eins Milliarde*

Für 1.000 kann man auf Gujarati auch sahasra sagen.

Alle Zahlen ab 100 werden ohne ein Bindewort in der Reihenfolge „Hunderter - Zehner - Einer“ zusammengesetzt.

Die Schreibweise der Zahlen ist auch vom Sanskrit abgeleitet. Sie werden von links nach rechts geschrieben.

ek hajâr navso choñter
eins tausend neun-hundert sechsundsiebzig
1976

zählen

Beim Zählen stehen die zu zählenden Dinge hinter dem Zahlwort.

mane câr chokrâ che.
meine(m,Mz) vier Söhne(m,Mz) sind
Ich habe vier Söhne.

Ordnungszahlen

Die Ordnungszahlen 1.-10. werden wie Eigenschaftswörter gehandhabt und richten sich in Zahl und Geschlecht nach dem dazugehörigen Hauptwort, dem sie vorangestellt sind.

pahelo	erster	**chaththo**	sechster
bîjo	zweiter	**sâtmo**	siebter
trîjo	dritter	**âthmo**	achter
cotho	vierter	**navmo**	neunter
pâñcmo	fünfter	**dasmo**	zehnter

In der nebenstehenden Übersicht werden nur die männlichen Formen angegeben.

pahelo dîkro
erster(m) Sohn(m)
der erste Sohn

bîjî dîkrî
zweite(w) Tochter(w)
die zweite Tochter

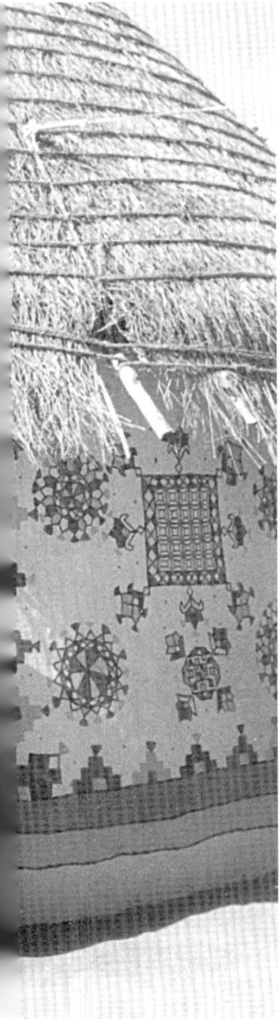

Kurz-Knigge

Auch der Bundesstaat Gujarat ist seit vielen Jahren ein beliebtes Reiseziel, wenn auch nicht so ausgeprägt wie beispielsweise Rajasthan, Goa oder die Gegenden des indischen Himalayas. Und gerade deswegen sollte man als Reisender nie vergessen, dass es hier noch eine äußerst traditionelle Kultur und Religion gibt und dadurch natürlich auch ganz andere Umgangsformen, als wir sie beispielsweise in Westeuropa gewöhnt sind. Indien im Allgemeinen, aber der Bundesstaat Gujarat ganz speziell, ist von einer extremen Religiosität geprägt, bei der jede Glaubensgruppe ihre eigenen Regeln und Gesetze hat. Sich immer 100%ig richtig zu verhalten ist praktisch unmöglich, dennoch sollte der westliche Besucher grundsätzlich Verständnis und Toleranz, aber auch Interesse mitbringen und dem fremden Umfeld ohne Vorurteile begegnen. Kritik am Land, an den fremden Bräuchen, an der Armut oder am Schmutz ist nicht erwünscht. Die Inder – und speziell die Einwohner Gujarats – sind überaus patriotisch, und man sollte ihnen hierbei nicht widersprechen. Seien Sie sich immer bewusst, dass Sie Gast sind und sich den Gepflogenheiten des Gastlandes anpassen müssen. Mit den folgenden grundsätzlichen Regeln kann man als Mitteleuropäer Fettnäpfchen vermeiden kann.

Grundsätzliches Sie sind als Besucher nicht nur ein Individuum, sondern Sie repräsentieren Ihr Heimatland und die westliche Welt allgemein. Seien Sie sich im Klaren darüber, dass es in Ihrer Hand liegt, das Bild des Touristen zu prägen. Um so wichtiger ist seriöses Auftreten!

Umgang Indien ist mit unaufhaltbarer Geschwindigkeit über die Milliardenmarke in Sachen Einwohner weggerast. Europäer müssen sich in Indien erst einmal an die vielen Menschen gewöhnen, die „komischerweise" immer auch gerade da sind. Seien Sie trotzdem stets freundlich und versuchen Sie nicht als arrogant zu wirken. Gerade der enge Körperkontakt und der allgegenwärtige Lärm können einem manchmal mächtig zu schaffen machen. Sich beschweren löst aber höchstens Unverständnis aus.

Kleidung Trotz des heißen Klimas sollte man als Mann immer lange Hosen tragen und auf Shorts und ärmellose Hemden oder T-Shirts verzichten. Ein nackter Oberkörper ist vollkommen unmöglich. Bei Männern ist es gerne gesehen, wenn sie „männlich" aussehen, d. h. dezente Farben tragen und nicht ungepflegt oder verwahrlost aussehen. Viele Touristen entwickeln in Indien den Wunsch, das Hippie-Outfit der späten 60er-Jahre aufleben zu lassen. Natürlich fällt man in diesem Look nicht mehr besonders unangenehm auf, trotzdem werden die meisten Inder innerlich den Kopf darüber schütteln und den Ausländer für nicht „ganz voll" nehmen. Als Frau ist es unbedingt notwendig, Hosen oder Röcke zu tragen, die bis über das Knie reichen. Auch muss das Dekolleté und die Schultern stets bedeckt sein. Ein BH ist außerdem immer zu tragen. Außerhalb der großen Städte sind die Menschen noch mehr den gesellschaftlichen Regeln verhaftet, Kleidungsvorschriften sollten hier auf jeden Fall eingehalten werden.

Wer ernst genommen werden will, dem empfehle ich seriöse Kleidung.

Armut

Natürlich sollte man sich im Klaren darüber sein, dass Indien eines der ärmsten Länder der Welt ist. Viele Menschen leben in unvorstellbaren Verhältnissen, und jeder Tourist gilt als unverhältnismäßig reich. Ein Flug nach Indien kostet mehr, als die meisten Inder in einem Jahr verdienen. Seien Sie sich darüber bewusst, und verhalten Sie sich dementsprechend – natürlich ohne dabei protzig oder überheblich zu erscheinen. Sich nicht übers Ohr hauen zu lassen ist eine Sache, um 10 Rupees zu streiten, eine andere!

Mann & Frau

Die Rolle von Mann und Frau ist in Indien sehr klar definiert – egal ob bei Hindus, Jainas, Moslems, Zarathustriern oder Christen. Westliche Paare sollten in der Öffentlichkeit auf jede offenzügige Art von Zärtlichkeit (vom Händchenhalten angefangen) verzichten. Zusätzlich ist es sicher nicht verkehrt, sich als Ehepaar auszugeben, auch wenn das gar nicht stimmt. In Hotels ist das oft die einzige Möglichkeit, ein Doppelzimmer zu bekommen – dies gilt in Gujarat speziell auf dem Land. Wenn Sie z. B. auf der Straße nach etwas fragen, wenden Sie sich eher an Gleich-

Als Mann sollte man indischen Frauen unbedingt auf dezente und zurückhaltende Weise begegnen.

geschlechtige und berühren Sie nicht Andersgeschlechtige.

Linke Hand Die linke Hand gilt unter Indern als unrein, da sie zur Säuberung auf der Toilette verwendet wird. Daher darf man nie jemanden mit ihr begrüßen und sie auch nicht verwenden, um Speisen, Geschenke usw. zu übergeben.

Hygiene Zugegebenermaßen ist Indien nicht gerade das sauberste Land, und manchmal ist man etwas überfordert mit dem ständigen Anblick von Schmutz und Müll. Verkneifen Sie sich trotzdem Ihre Kritik!

Begrüßen & Verabschieden

Die Begrüßung ist oft das Wichtigste in einer Sprache. Auf Gujarati ist das natürlich nicht anders. Die typischsten Grüße auf Gujarati – die alle auch als Verabschiedung verwendet werden – sind unter Hindus und Jainas:

namaste! / namaskâr!
Guten Tag! / Auf Wiedersehen!

Speziell im ländlichen, traditionellen Gujarat kann man oft auch folgende Grüße hören. Sie alle haben einen leicht religiösen Beiklang.

Gopal ist ein weiterer Name für Krishna.

râm râm!
Guten Tag!

jây gopâl!
Gopal sei gesegnet!

Bei all diesen Begrüßungen werden meist beide Handflächen vor der Brust zusammengeführt, und man blickt seinem Gegenüber in die Augen. Sich die Hände zu reichen, ist für Hindus und Jainas eher unüblich!

Bei arabischen und persischen Floskeln wird auf eine detaillierte Wort-für-Wort-Übersetzung verzichtet.

Daneben haben die anderen Religionsgruppen natürlich auch ihre eigenen Floskeln. Moslems begrüßen sich mit:

assalâmu alaikum!
der-Frieden über-euch
Friede sei mit dir!

va alaikum assalâm!
und über-euch der-Frieden
Und mit dir. (Antwort)

Sowohl Moslems als auch Parsis reichen sich die rechte Hand.

salâm!	Hallo! (unter jungen Moslems)
sâheb jî!	Guten Tag! (Zarathustrier, auch Parsis genannt)
hello!	Hallo! (junge Leute, Großstädte)
âvo! *komm-!*	Willkommen!

kem cho?
wie sind
Wie geht es Ihnen?

kem che?
wie bist
Wie geht es dir?

Auf einen Gruß folgt immer die Frage nach dem Befinden.

majâmâñ chuñ!
Freude-in bin
Es geht mir gut! (häufigste Antwort)

Wenn es einem mal nicht so gut gehen sollte, wird man das sicher nicht seinem Gesprächspartner anvertrauen, auch um ihn nicht damit zu belasten. Etwas unpersönlicher, aber auch oft benutzt, wird die folgende Floskel.

shuñ thayuñ?
was passierte(s)
Was gibt's Neues?

Nicht selten hört man auch einfach das englische bâi bâi [bye bye] *zum Abschied.*

Als Abschiedsformel verwendet man meistens entweder die oben erwähnten Floskeln, oder man sagt:

âvjo!
komm-wieder
Auf Wiedersehen!

khudâ hâfij!
Gott(m) schütze
Möge Gott dich/euch schützen! (Moslems)

Anrede

Genauso wichtig wie die Begrüßung ist die richtige, höfliche Anrede, die auf Gujarati etwas differenzierter ist als im Deutschen. Westlich gekleidete Männer und Ausländer werden auch noch mit den englischen Höflichkeitstiteln angeredet:

sar! [sir]
Mein Herr!

mis<u>t</u>ar ... [mister]
Herr ...

me<u>d</u>am! [madam]
Meine Dame!

Etwas „indischer" sind ...

sâheb!
(Mein) Herr!

bâ sâheb!
(Meine) Dame!

Für Jüngere, Gleichaltrige, Taxifahrer, Kellner ...

bhâî!
Bruder!

ben!
Schwester!

Kennt man den Namen seines Gesprächspartners, sollte man ihm bei der Anrede unbedingt auch diese Worte nachstellen.

Wenn Sie älter als zwanzig sind, wird es Ihnen oft passieren, dass Kinder Sie mit „Onkel" und „Tante" anreden.

ramesh bhâî!
Ramesh!

lîlâ ben!
Lila!

añkal! [uncle]
Onkel!

âñtî! [auntie]
Tante!

Es ist aber auch nicht unüblich, wenn Sie ältere Leute (ab 60) so betiteln:

mâmâ!
Onkel!

mâsî!
Tante!

Bitten & Danken

Bitte im unserem Sinn gibt es auf Gujarati – wie in allen indischen Sprachen – eher als Übersetzung aus dem Englischen. Man gebraucht es aber weit weniger als in Europa. Das liegt daran, dass der Umgang ein anderer ist und dass verschiedene Floskeln für die Einheimischen einfach unnötig sind, da es sich von selbst versteht, dass ich um etwas bitte und nicht einfach verlange. Aus diesem Grund gibt es im Gujarati keine wirklich 100%ige Entsprechung für unser „Bitte".

Der „richtige" Gebrauch von „Bitte" und „Danke" ist den Einheimischen nicht immer ganz geläufig. Nehmen Sie das Ihrem Gesprächspartner nicht übel!

Bereits durch die höfliche Befehlsform kann man eine Bitte formulieren und damit die Floskel an sich vermeiden.

Oft verwendet man das Wörtchen jarâ *(wenig), das in etwa mit unserem „doch“ verglichen werden kann und eine Aufforderung abschwächt.*

sîdhâ hâñko!
geradeaus beweg-!
Fahren Sie geradeaus!

mane ek câ lâvo!
mir ein Tee(m) bring-!
Bringen Sie mir einen Tee!

jarâ mane bil [bill] **âpo!**
wenig mir Rechnung gib-!
Geben Sie mir bitte die Rechnung!

Das anbietende „Bitte sehr!“ wird ebenfalls nur durch die Befehlsform ausgedrückt.

añdar âvo!
hinein komm-!
Bitte kommen Sie herein!

Für Danke gibt es im Gujarati die Entsprechung âbhâr. Auch hier gilt, dass der Gebrauch durch die Einheimischen nicht immer mit unserem übereinstimmt.

In Indien hat das Wort „Danke“ einen leicht demütigen Beiklang und wird oft als „Bezahlung“ verstanden. Vorsicht also beim Gebrauch bei echten Freundschaftsdiensten. Ansonsten kann man auch das englische thainkyû! [thank you] verwenden.

Gerade nach einer geglückten Unternehmung hört man des Öfteren:

bhagvân-nî kṟpâ!
Gott-von Erbarmen(w)
Gott sei Dank!

Die mit dem Ohr gekennzeichneten Sätze im Konversationsteil können Sie sich ab demnächst auch auf CD anhören: Neu bei Kauderwelsch sind die ***AusspracheTrainer****. Siehe auch Seite 137!*

Das erste Gespräch

Die Einwohner Gujarats sind sehr aufgeschlossen und neugierig. Sie werden es sich nicht entgehen lassen, einen so „exotischen“ Fremden willkommen zu heißen. Wenn sich dann noch herausstellt, dass dieser ihre Muttersprache Gujarati spricht, muss man natürlich erst mal einige Informationen erfragen. Seien Sie offen gegenüber diesen oft spontanen Treffen und üben Sie sich in der Sprache.

Hier ein typischer Ablauf eines ersten Gespräches.

namaskâr!
Guten Tag!

namaskâr bhâî!
Guten Tag, Bruder!

kem cho?
wie sind
Wie geht es?

majâmâñ chuñ! âbhâr!
Freude-in bin, danke
Es geht mir gut! Danke!

Herkunft

tame bhâratîy cho?
du Inder bist
Sind Sie Inder?

nâ, huñ jarman [German] **chuñ.**
nein, ich Deutscher bin
Nein, ich bin Deutsche/r.

nâ *ist die Kurzform von* nahîñ *und heißt ebenfalls „Nein“.*

ame jarman [German] **chîe.**
wir Deutsche sind
Wir sind Deutsche.

Die folgenden Nationalitätenbezeichnungen kommen aus dem Englischen und kennen deshalb auch keine Unterscheidung zwischen männlich/weiblich oder Ein- und Mehrzahl.

Österreicher werden aufgrund der lautlichen Ähnlichkeit oft mit Australiern verwechselt. Klingen doch âs<u>t</u>riyâ [Austria] *und* âs<u>t</u>reliyâ [Australia] *zum Verwechseln ähnlich. Das bekannte Känguruh-syndrom ...*

âs<u>t</u>riyâ [Austria]	Österreich
âs<u>t</u>riyan [Austrian]	österreichisch; Österreicher/in
svi<u>t</u>zarlaiñ<u>d</u> [Switzerland]	Schweiz
svis [Swiss]	schweizerisch; Schweizer/in
haleñ<u>d</u> [Holland]	Niederlande
<u>d</u>ac [Dutch]	niederländisch; Niederländer/in
beljiyam [Belgium]	Belgien
beljiyan [Belgian]	belgisch; Belgier/in
frâns [France]	Frankreich
frenc [French]	französisch; Franzose/-zösin

are, tame gujarâtî bolî shako cho! vâh vâh!
hey, du Gujarati sprechen(-î) bist, bravo bravo
Sie sprechen ja Gujarati! Hut ab!

Auf eine solche Äußerung sollte man immer bescheiden reagieren. Die beste Antwort ist:

nâ jî, huñ phakta tho<u>d</u>î gujarâtî boluñ chuñ!
nein Seele, ich nur wenig Gujarati(w) sprechen bin
Aber nicht doch, ich kann erst wenig Gujarati!

tame kyâñ jâo cho?
du wo gehen bist
Wohin fährst du?

huñ amdâvâd jâuñ chuñ.
ich Ahmedabad gehen bin
Ich fahre nach Ahmedabad.

Name

tamâruñ nâm shuñ che?
dein Name(s) was ist
Wie heißt du? (höfl.)

mâruñ nâm shañkar che.
mein Name(s) Shankar ist
Ich heiße Shankar.

Inder haben meist ein hervorragendes Namensgedächtnis. Sie merken sich selbst für sie fremdartige Namen nach einmaligem Hören. Achten Sie dementsprechend auf den Namen Ihres Gegenübers, und versuchen Sie, sich diesen einzuprägen. Oft nachzufragen gilt als unhöflich.

In Indien herrscht das europäische Namensystem, d. h. jede/r Inder/in hat einen Vor- und einen Nachnamen. Frauen erhalten nach der Hochzeit den Nachnamen ihres Ehemannes. Anders als bei uns kann man Fremde bereits von vornherein mit ihrem Vornamen anreden, sollte diesem dann aber die Höflichkeitspartikel bhâî oder ben nachstellen.

Namen verraten, welcher Religion man angehört, aus welchem Teil des Landes man kommt und (bei Hindus) zu welcher Kaste man gehört.

mâruñ nâm Gopî che, ane tamâruñ?
mein Name(s) Gopi ist, und dein(s)
Ich heiße Gopi, und du?

Alter

are shañkar, tamârî ummar ke<u>t</u>lî che?
hey Shankar, dein Alter(w) wieviel ist
Wie alt bist du, Shankar?

mârî ummar trîs varas-nî che.
mein Alter(w) dreißig Jahre-von ist
Ich bin 30 Jahre alt.

Beruf

tamâro dhañdho shuñ che?
dein Beruf(m) was ist
Was bist du von Beruf?

huñ ... chuñ.
ich ... bin
Ich bin ...

Berufe

majûr	Arbeiter
berojgâr	arbeitslos
shilpî	Architekt
d̲okt̲ar [doctor]	Arzt, Ärztin
khed̲ût	Bauer
afsar [officer]	Beamter
bhikhârî	Bettler
fot̲ogrâfer [photographer]	Fotograf
bisnismen [businessman]	Geschäftsmann
injîniyar [engineer]	Ingenieur
jarnalis̲t̲ [journalist]	Journalist
kal̲âkâr	Künstler
shiks̲ak	Lehrer
nat̲	Schauspieler
vidyârthî	Student
vidyârthinî	Studentin
pravâsî	Tourist

Studium

tame shuñ bhan̲o cho?
du was studieren bist
Was studierst du?

huñ ... bhan̲uñ chuñ.
ich ... studieren bin
Ich studiere ...

Die meisten Studiengänge sind auf Englisch, daher sind hier auch die meisten Namen auf Englisch.

kemis̲t̲rî [chemistry]	Chemie
fisiks [physics]	Physik
âi t̲î [IT]	Computertechnik
injinîring [engineering]	Ingenieurswesen
bisnis ed̲minis̲t̲reshen [business administration]	Wirtschaft, BWL
lo [law]	Jura
inglish [english]	Englisch
gujarâtî	Gujarati
hindî	Hindi
medsin [medicine]	Medizin

tame ahîñ kyâre sudhî cho?
du hier wann bis bist
Wie lange bist du hier?

tamne bhârat game che?
dir Indien mögen ist
Gefällt dir Indien?

jarûr! mane bahu game che!
natürlich mir sehr mögen ist
Natürlich! Es gefällt mir sehr!

tamne gujarâtî khorâk bhâve che?
dir Gujarati Essen(m) mögen ist
Magst du Gujarati-Essen?

Gefällt es dir?

Das Verb gamvuñ *heißt „etwas mögen“. Wir kennen bereits* bhâvvuñ, *das die gleiche Bedeutung hat, aber eher bei Speisen benutzt wird.*

Floskeln & Redewendungen

Den letzten Schliff in einer Sprache bekommt man durch Floskeln und Redewendungen. Die wichtigsten und häufigsten des Gujarati sind hier aufgeführt.

mâph kar!
verzeihend mach
Verzeih mir!

mâph karo!
verzeihend mach-!
Verzeihen Sie mir!

koî harakat nathî!
einige Hindernis(w) nicht-sein
Das macht nichts! / Nicht der Rede wert! (häufige Antwort)

sich entschuldigen
Um sich in einer Menschenmenge Platz zu verschaffen, kann man auch das aus dem Englischen entlehnte ikskyûs mî! [excuse me] *verwenden.*

zustimmen & ablehnen

hâ!	Ja!
hâ jî!	Jawohl!
nâ!; nahîñ!	Nein!
bas!	Das reicht!
thîk che! *(gut ist)*	Einverstanden!
bilkul!	Auf jeden Fall!
barâbar! *(korrekt)*	O.K.! In Ordnung!
saras!	Sehr gut!
shabâsh!	Bravo! Gut gemacht!
bhale!	100%! Super!

tame thîk kaho cho!
du gut sagen bist
Du hast ganz Recht!

kharekar!
Tatsächlich!, Wirklich!?

â asañbhavit che!
dieses unmöglich ist
Das ist unmöglich!

rahevâ do!
bleiben(-vâ) gib-!
Lass es gut sein!

â nahîñ thaî shake!
dieses nicht werden(-î) kann
Das kann nicht sein!

thaî shake che!
werden(-î) können ist
Das kann sein!

schwören

vâkî!	Wirklich! Echt!
beshak!	Auf jeden Fall!
jarûr!	Sicherlich!

überrascht sein

are *entspricht unserem „Hey!" oder „Mann!" und wird in der Umgangssprache oft als Pausenfüller benützt.*

Viele der Überraschungsausrufe haben einen Bezug auf die Religion!

are bâp!
hey Vater
Mann o Mann!

bâpre bâp!
Vater(-re) Vater
Oh je! (erstaunt)

he bhagvân!
oh Gott
Oh Gott!

he râm!
oh Rama
Oh Rama!

Moslems verwenden eher:

allâhu akbar!
Gott(m) am-größten
Gott ist groß!

mâshâ allâh!
was-will Gott(m)
Was Gott alles will! (bewundernd)

Das Wörtchen acchâ, das eigentlich aus dem Hindi bzw. Urdu kommt und dort „gut" heißt, kann je nach Betonung eine Menge Bedeutungen haben.

acchâ!
(begeistert) Gut!, *(bewundernd)* Toll! *(zustimmend)* Ich verstehe! Ja, in Ordnung!, *(etwas unzufrieden)* Na gut, wenn es denn unbedingt sein muss!

acchâ?
(bewundernd) Ehrlich?, *(überrascht)* Nein wirklich? Gibt's denn so was? *(zweifelnd)* Tatsächlich? Kein Witz? *(leicht kritisierend)* Was? Das meinst du doch nicht ernsthaft?

ciñtâ na karo!
Sorgen nicht mach-!
Mach dir keine Sorgen!

daro nahîñ!
Angst-haben-! nicht
Keine Angst!

jevî tamârî marjî!
wie dein(w) Wille(w)
Wie Sie wollen!

Höflichkeitsfloskeln

Anbei noch ein paar wichtige Floskeln und Ausdrücke, die in einem Gespräch hilfreich sein können.

Gujarati ist eine sehr höfliche Sprache.

huñ tamârî shuñ sevâ karuñ!
ich dein(w) was Service(w) machen
Was kann ich für Sie tun?

tamârî moṯî maherbânî thashe!
dein groß Güte(w) werden-wird
Das wäre sehr nett von Ihnen!

Zu Gast sein

Bei einer einheimischen Familie zu Gast zu sein, ist wohl mit eine der besten Möglichkeiten, Bevölkerung und Land kennen zu lernen. Wie bereits gesagt, ist die Familie in Südasien überaus wichtig. Unser Individualismus ist den Einwohnern Gujarats fremd. Man lebt in und für die Gemeinschaft und stellt seine eigenen Ziele nicht über die der Großfamilie. Probleme werden gemeinsam geklärt, und es besteht eine klar definierte Hierarchie zwischen den einzelnen Personen, aber auch zwischen Männern und Frauen. In den Großstädten des Landes ist das selbstverständlich lange nicht so ausgeprägt wie in den ländlichen Gegenden.

Beim Betreten des Hauses werden meist die Schuhe ausgezogen. Man begrüßt zuerst den Gastgeber, dann ältere Leute und danach alle anderen Personen.

âvo! âvo!
komm-! komm-!
Treten Sie ein!

namaskâr, bhâî!
Herzlich willkommen, Bruder!

kem cho?
wie sind
Wie geht es Ihnen?

kem che?
wie bist
Wie geht es dir?

majâmâñ chuñ!
Freude-in bin
Es geht mir gut!

shuñ thayuñ?
was passierte(s)
Was gibt's Neues?

tamâruñ kutuñb kem che?
deine Familie(s) wie ist
Wie geht es Ihrer Familie?

badhuñ <u>t</u>hîk che!
alles gut ist
Alles in Ordnung!

â mârî patnî / mârâ pati che!
diese meine(w) Ehefrau/meine(m) Ehemann ist
Dies ist meine Ehefrau / mein Ehemann!

Die grammatikalische Mehrzahlform von „mein" drückt hier den Respekt aus!

tamne ma<u>l</u>î-ne gha<u>n</u>o ânañd thayo!
dich treffen(-î)-von viel Freude(m) wurde
Sehr erfreut, Sie/dich zu treffen!

beso!
setz-dich-!
Nehmen Sie Platz!

tame shuñ pîo cho?
du was trinken bist
Was wollen Sie trinken?

jarâ mane ek câ joîe che!
wenig mir eins Tee(m/w) wollend ist
Ich hätte gerne einen Tee!

âvo bhâî, khorâk, taiyâr che!
komm-! Bruder, Essen(m) fertig ist
Kommen Sie, mein Freund, das Essen ist fertig!

Wie überall auf der Welt sind die Kinder und das Wetter ein wichtiges Gesprächsthema, das oft hilft, das erste Eis zu brechen. Wenn man etwas mitbringen will, was übrigens immer gerne gesehen wird, kann man kleine Geschenke oder Süßigkeiten für die Kinder besorgen.

khorâk bahu svâdist che!
Essen(m) sehr lecker ist
Das Essen schmeckt hervorragend!

âje to khûp garmî che!
heute so sehr Wärme(w) ist
Heute ist es sehr heiß!

ahîñ katkat-nî thañdî pade che!
hier klirrend-von Kälte(w) fallen ist
Hier ist es schneidend kalt!

tamârî mahemânnawâzî mate âbhâr!
deine Gastfreundschaft(w) für danke
Vielen Dank für Ihre Gastfreundschaft!

pharî-thî maljo!
wieder-von treffen-!
Bis zum nächsten Mal!

Familie & Freunde

Die Grundlage der indischen Gesellschaft ist die Familie. In Südasien lebt man in und mit Großfamilien und sieht sich selbst als Teil einer solchen. Die Blutsverwandtschaft gilt als heilig, und man verhält sich oft auf eine ganz bestimmte Weise, nur um nicht das Ansehen der Verwandten zu beschädigen. Da die Familie oft ein Gesprächsthema ist, sind hier die wichtigsten Verwandtschaftsbeziehungen aufgeführt. Auf Gujarati wird ganz klar definiert, um welche Verwandtschaftsbeziehung es sich genau handelt.

kutuñb (s)	Familie
sagâñ (s Mz)	Verwandte
pitâ, bâpâ	Vater
bâ (w)	Mutter
mâbâp (s Mz)	Eltern
dâdâ	Großvater (väterl.)
dâdîmâ (w)	Großmutter (väterl.)
nânâ	Großvater (mütterl.)
nânî (w)	Großmutter (mütterl.)
chokrâñ (s Mz)	Kinder
dikro, putra	Sohn
putrî (w), **dîkrî** (w)	Tochter
bhâî	Bruder
bahen (w), **ben** (w)	Schwester
bhâîbahen (s Mz)	Geschwister
kâkâ	Onkel (väterl.)
kâkî (w)	Tante (väterl.)
mâmâ	Onkel (mütterl.)
mâsî (w), **mâmî** (w)	Tante (mütterl.)
var	Bräutigam
vahu (w)	Braut
pati	Ehemann
patnî (w)	Ehefrau
sâlo	Schwager
sâlî (w)	Schwägerin
sasro	Schwiegervater
sâsu (w)	Schwiegermutter
pâdoshî	Nachbar

Achtung: sâlo *ist auch ein Schimpfwort und sollte deshalb mit Vorsicht verwendet werden!*

Übrigens ist es in Indien üblich, als Mädchen mit 20 und als Junge mit spätestens 25 verheiratet zu sein.

In Gujarat ist es auch nicht unüblich, persönliche Fragen zur Familie und zum Familienstand zu stellen.

tamârâñ lagan thaî gayâñ?
deine Heirat(s,Mz) werden(-î) ging(s,Mz)
Bist du verheiratet?

nâ jî, hamn̲â sudhî marâñ lagan thaî gayâñ nahîñ.
nein Seele, jetzt bis meine Heirat(s,Mz) werden(-î) ging(s,Mz) nicht
Nein, ich bin bis jetzt noch nicht verheiratet.

hâ jî, mârâñ lagan thaî gayâñ.
ja Seele, meine Heirat(s) werden(-î) ging(s)
Ja, ich bin verheiratet.

tamâre ket̲lâ chokrâñ che?
dein wieviel Kinder(s,Mz) sind
Wie viele Kinder haben Sie?

mâre be chokrâ ane ek dîkrî che.
meine zwei Söhne und eins Tochter sind
Wir haben zwei Söhne und eine Tochter.

Religion

Die Mehrheit der Einwohner Gujarats sind Hindus. Besonders auf dem Land sind die Menschen tiefgläubig. Die Religion regelt hier fast noch das gesamte Leben der Einheimischen. Der Hinduismus ist eine nicht einfach zu verstehende Religion, bei der Riten und Rituale eine wichtige Rolle spielen. Der Glaube und die entsprechenden Traditionen sind dabei viel tiefer im Alltag ausgeprägt, als das bei uns durch das Christentum der Fall ist. So sind speziell Gujaratis äußerst abergläubig. Häufig konsultiert man religiöse Meister oder Astrologen, um familiäre oder geschäftliche Angelegenheiten im Vorfeld zu klären und zum Wohlwollen der Götter auszuführen.

Besucher dürfen Hindu- und Jain-Tempel meist betreten. Bei Moscheen sollte man sich vorher erkundigen. Die Feuertempel der Parsis sind für Andersgläubige nicht zugänglich.

Grundsätzlich sollte man als Besucher Verständnis, Toleranz und Rücksicht für die Vorstellungen, Riten und Gebräuche der Gläubigen mitbringen. Kritik und Vergleiche zum „Westen" sind nicht angebracht und sollten unbedingt vermieden werden.

dharam; dharma	Religion
âdhyâtmiktâ (w)	Spiritualität
dev; bhagvân; îshvar	Gott
hiñdu dharam	Hinduismus
krist̲ciyenit̲î [Christianity]	Christentum
hiñdu	Hindu
jain	Jaina
pârsî	Parsi, Zarathustrier
musalmân	Muslim
sikh	Sikh
krist̲cen [Christian]	Christ, christlich
hibrû [hebrew], **yahudî**	Jude, jüdisch
prârthanâ (w); **pûjâ** (w)	Gebet
pûjâ karvuñ	beten, anbeten
dhyân (s)	Meditation
guru	Priester, Meister
mañdir (s)	Tempel
masjid	Moschee
pavitr agni	Feuertempel
gurdvârâ	Sikh-Tempel
cerc [church]	Kirche

Die Frage nach der Konfession ist bei Ausländern übrigens üblich. Man sollte hierauf immer antworten, dass man gläubig ist, die Religion ist zweitrangig. Atheismus dagegen löst nur Unverständnis aus.

huñ mañdir-nî añdar âvî shakuñ chuñ?
ich Tempel(s)[g]-von(w) drinnen kommen(-î) können bin
Darf ich diesen Tempel betreten?

tame hiñdu / musalmân cho?
du Hindu / Moslem bist
Sind Sie Hindu / Moslem?

nâ, huñ kris̱tcen [Christian] **chuñ.**
nicht, ich Christ bin
Nein, ich bin Christ.

Zeit & Datum

In Indien nimmt man es mit der Pünktlichkeit nicht so genau. Man lebt für den Moment, und nicht selten muss der darauffolgende Termin etwas warten.

allgemeine Zeitangaben

divas	Tag
roj	jeden Tag, alltäglich
a̱thvâḏiyuñ (s)	Woche
mahino	Monat
varas (s)	Jahr
âje; âj	heute
kâle	gestern; morgen
gaî kâle; param divse	vorgestern
âvtî kâl pachî	übermorgen

savâr (w/s)	Morgen
savâre	morgens
bapor	Mittag, Nachmittag
bapore	mittags, nachmittags
sâñj (w)	Abend
sâñje	abends
rât (w)	Nacht
râte	nachts
madhrât (w)	Mitternacht
thodâ vakhat-mâñj	bald
pachî-thî	danach
to	dann
âgal	davor
hameshâñ	immer
hamnâ	jetzt
have	jetzt gleich, sofort
kadî nâhî	niemals
ghanî vâr	oft

Auf Gujarati wird nicht zwischen „morgen" und „gestern" unterschieden. Die genaue Bedeutung von kâle *kann man nur aus dem Zusammenhang erahnen. Will man dennoch „morgen" ganz zweifellos ausdrücken, kann man auch* âvtî kâle *sagen.*

Wochentage

somvâr	Montag
mañgalvâr	Dienstag
budhvâr	Mittwoch
gurûvâr	Donnerstag
shukravâr	Freitag
shanivâr	Samstag
ravivâr	Sonntag

Um „am ..." auszudrücken, fügt man dem Tag ein -e *an.* ravivâre *heißt demnach „am Sonntag".*

tame ravivâre shuñ karsho?
du sonntags was machen-wirst
Was wirst du am Sonntag machen?

Monate

Grundsätzlich gibt es in Indien drei Zeitrechnungen: erstens die gregorianische für alle weltlichen Zeitangaben, zweitens die hinduistische für religiöse Feste und Feierlichkeiten und drittens die islamische der Muslime.

gregorianische Zeitrechnung

Die Namen der gregorianischen Monate sind vom Englischen abgeleitet.

jânyarî [January]	Januar
februârî [February]	Februar
mârc [March]	März
epril [April]	April
me [May]	Mai
jun [June]	Juni
julâî [July]	Juli
ogast [August]	August
saptembar [September]	September
oktobar [October]	Oktober
navembar [November]	November
disembar [December]	Dezember

hinduistische Zeitrechnung

Die hinduistische Zeitrechnung (Vikramadity) ist der christlichen um 57 Jahre voraus. Das Hindujahr beginnt im März. Seine Monatsnamen sind aus dem Sanskrit entlehnt.

caitra	März - April
vaishâkh	April - Mai
jeth	Mai - Juni
asâd	Juni - Juli
srâvan	Juli - August
bhâdarvo	August - September
âsho	September - Oktober
kârtik	Oktober - November
mâgsar	November - Dezember
pos	Dezember - Januar
mahâ	Januar - Februar
phâgan	Februar - März

Für Hindus ist der Mondzyklus extrem wichtig. Merken Sie sich deshalb die Ausdrücke punam (Vollmond) und amâs (Neumond).

moslemischer Hidschra-Kalender

al-muharram	1. Monat
safar	2. Monat
rabî al-awwal	3. Monat
rabî as-sâni	4. Monat
jumâda al-ûla	5. Monat
jumâda al-âkhira	6. Monat
rajab	7. Monat
shabân	8. Monat
ramzân	9. (Fasten-)Monat
shawwâl	10. Monat
zû al-kada	11. Monat
zû al-hijja	12. (Pilger-)Monat

Der moslemische Hidschra-Kalender mit seinen arabischen Monatsnamen umfasst nur 354 Tage und verschiebt sich daher gegenüber dem gregorianischen Jahr dementsprechend.

Feiertage

Republic Day Nationalfeiertag (26. Jan.)
holî Fest der Farben (im Monat phâgan)
mahâvir jayañtî das große Fest der Jain (im Monat caitra)
ramanavamî die Geburt Ramas (im Monat caitra)
Independence Day Unabhängigkeitstag (15. Aug.)
navarâtri Fest zu Ehren Durgas (im Monat âsho)
gâñdhî jayañtî der Geburtstag Mahatma Gandhis (2. Okt.)
diwâlî Fest des Lichtes (im Monat kârtik)

Datum

Um das Datum zu beschreiben, braucht man die Grundzahlen, und nicht die Ordnungszahlen.

âje kaî târîkh che?
heute welche Datum(w) ist
Was ist das heutige Datum?

âje me [May] **das târîkhe che!**
heute Mai(m) zehn Datum-von ist
Heute ist der 10. Mai.

Jahreszeiten

r̲tu (w)	Jahreszeit
varsâ (w); **comâsûñ** (s)	Regenzeit, Monsun
unâl̲o	heiße Jahreszeit, Sommer
shiyâl̲o	kalte Jahreszeit, Winter

Uhrzeit

sekoñd̲ [second] (s)	Sekunde
minit̲ [minute] (s)	Minute
kalâk	Stunde

ket̲lâ vâgyâ che?
wieviel schlugen(m) sind
Wie spät ist es?

Das Verb vâgvuñ (schlagen) steht in der Frage in der Vergangenheit. Für die Antwort werden für volle Stunden die Grundzahlen von 1 bis 12 benutzt, die durch die Angabe der Tageszeit ergänzt werden können (z. B. „nachts“).

ek vâgyo che.
eins schlug(m) ist
Es ist ein Uhr.

das vâgyâ che.
zehn schlugen(m) sind
Es ist zehn Uhr.

Da kalâk *(Stunde) ein männliches Hauptwort ist, erhält das Verb* vâgvuñ *(schlagen) auch eine männliche Endung, obwohl* kalâk *nicht genannt wird. Außer für „ein Uhr" steht es außerdem in der Mehrzahl.*

râte agiyâr vâgyâ che.
nachts elf schlugen(m) sind
Es ist elf Uhr nachts.

barâbar tra<u>n</u> vâgyâ che.
exakt drei schlugen(m) sind
Es ist genau drei Uhr.

po<u>n</u>â ...	Viertel vor ...
savâ ...	Viertel nach ...
sâ<u>d</u>â ...	... plus eine halbe Stunde

sâ<u>d</u>â câr vâgyâ che.
plus-halb vier schlugen(m) sind
Es ist halb fünf.

savâre po<u>n</u>â nav vâgyâ che.
morgens Viertel neun schlugen(m) sind
Es ist Viertel vor neun morgens.

bapore savâ be vâgyâ che.
mittags eins-viertel zwei schlugen(m) sind
Es ist Viertel nach zwei mittags.

Da es auf Gujarati auch Bezeichnungen für Bruchzahlen, die größer als eins sind, gibt, muss man einige Uhrzeiten wie folgt formulieren:

po<u>n</u>o vâgyo che *Viertel schlug(m) ist*	Viertel vor eins
savâ vâgyo che *eins-Viertel schlug(m) ist*	Viertel nach eins
do<u>d</u>h vâgyo che *eins-einhalb schlug(m) ist*	halb zwei
a<u>d</u>hî vâgyâ che *zwei-einhalb schlugen(m) sind*	halb drei

Minutenangaben „vor" der nächsten vollen Stunde drückt man mit dem Wörtchen kam (weniger) aus:

câr-mâñ pâñc kam che.
vier-in fünf weniger sind
Es ist fünf vor vier.

Bei Minutenangaben „nach" der nächsten vollen Stunde verwendet man das Verb thavuñ (werden) in seiner gebeugten Form auf -î plus dem Wörtchen upar (über).

câr upar pâñc thaî che.
vier über fünf werden(-î) sind
Es ist fünf nach vier.

Will man eine Uhrzeit in der Zukunft ausdrücken, benützt man die Gegenwartsform des Verbs vâgvuñ.

relgâ<u>d</u>î ke<u>t</u>lâ vâge pahoñcshe?
Zug(w) wieviel schlagen ankommen-wird
Wann wird der Zug ankommen?

relgâ<u>d</u>î savâre das vâgye pahoñcshe.
Zug(w) morgens zehn schlagen ankommen-wird
Der Zug wird um zehn Uhr ankommen.

Essen & Trinken

Allein die Küche des indischen Subkontinents ist schon eine Reise wert. Ob man privat, im Restaurant oder an einer der zahlreichen Straßenküchen isst – es ist fast immer ausgezeichnet.

Frühstück (nâsto)

Käsesandwiches bekommt man überall, und zwar entweder gegrillt grild [grilled] oder getoasted tosted [toasted]. Vor allem die Einheimischen essen auch oft pohâ (Reis, der mit Zwiebeln, etwas Gemüse und Gewürzen zubereitet wird), upmâ (gekochter Weizengrieß) oder orangefarbene Zuckerkringel, namens jalebî, die mit einem trockenen Knabberzeug gegessen wird.

bred [bread]	Brot
tost [toast]	Toast
katlet [cutlet]	Gemüse-Kotelett
chîz sendvic [cheese sandwich]	Käsesandwich
mâkhan	Butter
and	Ei
âmlet [omelette]	Omelett
bhurjî	Omelett mit Gemüse
câ (m/w)	Tee
kofî [coffee]	Kaffee
dûdh (s)	Milch

Das Frühstück ist in Indien nicht besonders wichtig und besteht meist nur aus Brot, Toast, etwas Butter, manchmal Ei und dazu Tee. Westlich kontinentales Frühstück gibt es nur in großen Hotels.

Mittag- & Abendessen (upâhâr ane bhojan)

Die typischen Spezialitäten des Bundesstaates Gujarat bestehen meist aus Reis und Gemüse.

Grundsätzlich unterscheiden sich die Speisen für Mittag- und Abendessen nicht besonders. Genau wie zum Frühstück isst man gerne pohâ (s. o.) und khicdî, ein aus Reis und Hülsenfrüchten bestehendes Gericht. Typisch für die Küche Gujarats ist auch eine Art gemischter Salat, namens kacumbar.

Curries (masâlâ)

Neben einfachen Gerichten isst man vor allem Curries, Gemüsegerichte, die in einer stark gewürzten Sauce gekocht werden, und auch viel dâl, das aus gekochten Kichererbsen und Linsen besteht und ebenfalls mit Fladenbrot gegessen wird.

Die Grundlage für ein gutes Curry ist immer Fladenbrot (rotlî) oder kleine, „aufgeblasene" Brötchen, namens purî. Das Brot wird zu jeder Mahlzeit frisch auf einer Eisenplatte (tavâ) zubereitet. Darüber hinaus bestellt man auch immer Reis (bhât), der praktisch den Abschluss eines jeden Mahls darstellt.

âlû gobhî
ein Kartoffel-Blumenkohl-Curry
âlû matar
ein Kartoffel-Erbsen-Curry
dam âlû
ein weiteres Kartoffel-Curry
matar panîr
ein aus Käse u. Erbsen bestehendes Curry
pâlak panîr
ein Käse-Spinat-Curry
canâ masâlâ
ein Curry aus Kichererbsen

Jede Gegend des Landes hat ihre eigene Methode, Curries zuzubereiten.

Wer gerne einmal einen Überblick über all die hier genannten Speisen bekommen will, dem sei eine Thali (thâḻî) empfohlen. Dabei handelt es sich um eine Reisplatte mit einer Auswahl der verschiedenen, oben beschriebenen Gemüsegerichten und einer köstlich gewürzten Buttermilch, namens châs, Fladenbrot und Reis, die allesamt immer wieder aufgefüllt werden, und zwar bis zum Abwinken. Thalis sind auch besonders den Reisenden mit kleiner Geldbörse empfohlen!

Übrigens bezeichnet das Wort kaḏhî, *von dem die Engländer unser Curry ableiteten, auf Gujarati eine Art Suppe aus Buttermilch und Getreide.*

Alle bis jetzt beschriebenen Gerichte sind vegetarisch (shâkâhârî). Die Mehrheit der Einwohner Gujarats sind Hindus, weshalb in den meisten Gebieten die hinduistischen Speisegesetze vorherrschen. Dennoch sind nicht alle Hindus ausnahmslos Vegetarier. Speziell in den Großstädten findet man eine Reihe vornehmlich moslemisch geführter Fleischlokale, von denen die meisten „moghulische" Spezialitäten kredenzen.

Fleisch (mâñs)

Die Moghulen hinterließen dem indischen Subkontinent eine Küche, die v. a. Hammel- und Hähnchenfleisch in verschiedensten Arten brät oder grillt. Grundlegend ist hierbei der Tandoor (tandûr), *eine Art Holzkohleofen. Diese Küche nennt sich Mughlai* (mughlaî).

koftâ
Hackfleischbällchen in Sauce
kabâb
Hammel- oder Lammfleischspießchen
shâmî kabâb
Fleischkoteletts
sîkh kabâb
gebratene Fleischspießchen
tandûrî cikan [chicken]
Hähnchen, im Tandoor-Ofen gebraten

Probieren Sie auch dhansak, *die wichtigste Spezialität der Parsis.*

Zu Mughlai-Gerichten isst man statt rotlî meist tandûrî rotî oder nân, große Fladenbrote, die auch beide im Tandoor-Ofen zubereitet werden. Zu all diesen Gerichten bekommt man rohe Zwiebeln, Zitronen, in Chili eingelegte Limonen (acâr), andere Pickles (athâṉuñ) und verschiedenste Chutneys (caṯnî).

Fisch (mâchlî)

Falls Sie die Möglichkeit haben, an einer Parsihochzeit teilzunehmen, lassen Sie sich das auf keinen Fall entgehen, denn hier bekommt man einen guten Einblick in die Genüsse der Meeresküche Gujarats.

Obwohl der Bundesstaat Gujarat über eine reiche Küche verfügt, sind Fischgerichte längst nicht so populär wie in anderen Gegenden des Subkontinents. Speziell die Parsis haben sich auf einige höchst köstliche Fischspeisen spezialisiert. Das Problem ist aber, dass man diese in Gujarat selbst fast nur privat in Parsifamilien kredenzt bekommt. In Mumbai dagegen gibt es einige Gourmetlokale, die sich nur auf Parsigerichte spezialisiert haben. Kosten Sie auch mal vom patra nî machlî, ein in Bananenblättern gedünsteter Fisch.

Snacks für Zwischendurch

In Indien gibt es zahllose Garküchen und Essensstände (ḏhâbo), *die unendliche viele Köstlichkeiten für den Hunger zwischendurch verkaufen.*

parâṯhâ	mit Kartoffeln, Käse oder ähnlichem gefüllte Rotlis
samosâ	mit Gemüse oder Fleisch gefüllte Teigtaschen
ḏoklâ	gelber, schwammartiger Snack, der mit Chutney gegessen wird
dâbelî	kleine Brötchen, die mit Erdnüssen, Granatapfelkernen und anderem gefüllt werden
bhel pûrî	kleine Brötchen, auf die ein Salzgebäck gestreut wird
pakauḏe	in Kichererbsenteig frittiertes Gemüse

dâbelî ist die Spezialität in Kachchh und Saurashtra, die man unbedingt probieren sollte!

Zutaten

Fleisch

mâñs (s)	Fleisch
mâchlî (w)	Fisch
marghî (w)	Hähnchen
gây (w), **gomâñs** (s)	Rind, Kuh (nur von Moslems gegessen)
ma<u>t</u>a<u>n</u> [mutton] (s)	Hammel
bakrî (w)	Ziege

Gemüse

bhâjî (w); **shâk** (s)	Gemüse
kobî-no phûl; phlâvar [flower]	Blumenkohl
vâñguñ (s)	Brinjal (wie Aubergine)
kâk<u>d</u>î (w)	Gurke
gâjar (s)	Karotte
ba<u>t</u>a<u>t</u>â [potato] (s)	Kartoffel
shakriyuñ (s)	süße Kartoffel
ca<u>n</u>â	Kichererbsen
kobî (w)	Kohl
ko<u>l</u>uñ (s)	Kürbis
dâ<u>l</u> (w)	Linsen
makâî (w)	Mais
bhin<u>d</u>î (w)	Okra (Ladyfingers)
mo<u>t</u>uñ marcuñ (s)	Paprika
cokhâ (m Mz)	Reis (roh)
bhât	Reis (gekocht)
pâlak	Spinat
<u>t</u>ame<u>t</u>o [tomato]	Tomate
kâñdâ	Zwiebel

Gewürze (masâlâ)

Asafoetida ist ein Gewürz, das es nur auf dem indischen Subkontinent gibt, dort aber unbedingt dazugehört!

masâlâ	Gewürze
hiñg	Asafoetida
tulsî (w)	Basilikum
methî (w)	Bockshornklee
marcuñ (s)	Chili
âdu (s)	Ingwer
elcî (w)	Kardamom
lasan (s)	Knoblauch
jîrâ (s)	Kumin
haldî (w)	Kurkuma (Gelbwurzel)
kesar (s)	Safran
mîthu (s)	Salz
sarsav (w)	Senf
âmlî (w)	Tamarinde
khâñd (w)	Zucker

Obst (phal)

In Indien ist aber auch der Nachtisch nicht zu verachten. Oft wird einfach nur Obst gegessen.

ananas (s)	Ananas
sapharjan (s)	Apfel
keluñ (s)	Banane
jamrûkh (s)	Birne
khajûr (w)	Dattel
añjîr (s)	Feige
dâdam (s)	Granatapfel
jâmphal (s)	Guave
nâriyel; halvuñmalvuñ (s)	Kokosnuss
mosambî (w)	süße Limone
kerî (w)	Mango
tetî (w)	Melone
nârañgî (w)	Orange
khîsmîs (w)	Rosine
drâksa (w)	Trauben
tarbûc (s)	Wassermelone
lîmbu (s)	Zitrone

Süßspeisen (mi<u>th</u>âî)

la<u>dd</u>û	kleine piksüße, orangefarbene Teigbällchen
rasgullâ	zuckersüße Bällchen aus Milch oder Käse
gulâb jâmum	auch kleine Bällchen aus Milch, aber mit Zuckersirup
khîr	eine Art Reispudding mit Rosinen und Cashew-Nüssen
barphî	eine Milchdelikatesse, die an Marzipan erinnert
shrîkha<u>nd</u>	eine gelbe Creme aus Joghurt und verschiedenen Gewürzen
rasmalâî	eine Cremespeise mit reichlich Sirup und dicker Milch
jalebî	eine in Öl herausgebratene, gelblich-orange Süßspeise
gâjar	eine Süßspeise aus Karotten
halvâ	Speise aus Linsen, Kichererbsenmehl, Reis, Grieß, Zucker
kas<u>t</u>a<u>d</u> [custard]	eine Vanillecreme, die etwa unserem Flan entspricht
kulfî	indisches Eis, oft mit Pistazien
âiskrîm [ice cream]	Eis (wie wir es kennen)
sher<u>d</u>î (w)	Zuckerrohr

Getränke (pî<u>n</u>uñ)

Das am meisten getrunkene Getränk Indiens ist schwarzer Tee. Er wird meist mit Zucker (khâñ<u>d</u>) und Milch (dûdh) aufgekocht und heißt dûdh-nî câ.

Die britische Teestunde zwischen 16 und 18 Uhr hat sich auch in Indien noch erhalten. Zum Essen dagegen trinkt man Wasser, das in Restaurants nicht immer gefiltert oder aufgekocht ist. Vorsicht also!

câ (m/w)	schwarzer Tee
dûdh-nî câ	Tee mit Milch
masâlâ câ	Tee mit Gewürzen (v. a. Ingwer, Zitronengras und Kardamon)
kâfî [coffee] (w)	Kaffee (normalerweise immer mit Milch)
khâñd vagarnuñ	ohne Zucker
khâñd vâlî	mit Zucker
dûdh (s)	Milch
lassî (w)	Joghurtgetränk, Lassi
piyush	gelb gewürztes Lassi
pânî (s)	Wasser
filtar [filter] **pânî** (s)	gefiltertes Wasser
minaral vâtar [mineral water]	Mineralwasser (nicht Leitungswasser)
sodâ [soda]	Sprudelwasser
sauft drink [soft drink]	Limonade
sikañj bîn	ein Getränk aus Zitrone, Zucker und Wasser
frut jûs [fruit juice]	Fruchsaft
pepsî; **thañbs ab** [Pepsi; Thumbs Up]	Cola

Gujarat ist der einzige Dry State der indischen Union, d. h. dass hier alkoholische Getränke jeglicher Art verboten sind. Viele Einwohner des Bundesstaates fahren deshalb in die so genannten Union Territories von Dadra und Nagar Haveli an der Grenze nach Maharashtra oder auf die Insel Diu, wo er ohne Probleme und ganz legal zu bekommen ist.

im Restaurant

Speisekarten gibt es vor allem in einfachen Lokalen nicht. Trinkgelder liegen auch in Indien etwa bei 10 % in richtigen Restaurants, ansonsten reicht es, ein paar Rupien liegen zu lassen. Den Kellner in einem einfachen Lokal kann man mit bhâî (Bruder) anreden. In teuren Restaurants dagegen sprechen die Kellner meist gut Englisch.

tamne ahîñ ek sârî ho<u>t</u>al [hotel] **khabar che?**
dir hier eins gut(w) Hotel(w) Wissen(w) ist
Kennen Sie hier ein gutes Restaurant?

Das Wort ho<u>t</u>al *kann sowohl Hotels als auch Restaurants bezeichnen. Man unterscheidet bei Restaurants zwischen* vej [veg] *und* nan vej [non-veg], *also Lokale mit vegetarischer oder fleischiger Küche.*

shâkâhârî ke mâñsahârî?
vegetarisch oder nicht-vegetarisch
Vegetarisch oder nicht-vegetarisch?

hello sâheb, tame ke<u>t</u>lâ lok cho?
hallo Herr, ihr wieviel Leute(m,Mz) seid
Seien Sie willkommen! Wie viele sind Sie?

ame tra<u>n</u> lok chîe!
wir drei Leute(m,Mz) sind
Wir sind zu dritt!

tame kevo khorâk âpo cho?
ihr welcher Essen(m) geben seid
Was haben Sie zu essen?

jarâ menyû [menu] **dekhâ<u>d</u>o!**
wenig Speisekarte(m) zeige-!
Zeigen Sie uns bitte die Speisekarte!

mane ek thâlî joîe che!
mir eins Thali wollend ist
Ich hätte gerne eine Thali!

jarâ amne pânî lâvo!
wenig uns Wasser(s) bring-!
Bringen Sie uns bitte Wasser!

khorâk bahu svâdist che!
Essen(m) sehr lecker ist
Das Essen ist hervorragend!

restorant; hotal (w/s)	Restaurant
khâvuñ; jamvuñ	essen
pîvuñ	trinken
cûkavvuñ; paisâ âpvuñ	bezahlen
tebal (s)	Tisch
kâcno pyâlo; glâs [glass]	Glas
thâlî (w); **plet** [plate] (w)	Teller
cappu (s)	Messer
camco	Löffel
kâñto	Gabel
tishyû [tissue]; **nepkîn** [napkin]	Serviette
tûthpik [toothpick]	Zahnstocher
thañduñ	kalt
garam	warm, heiß
galyuñ	süß
khatuñ	sauer
masâledâr; tîkhuñ	scharf
tâjuñ	frisch

phakta thoduñ marcuñ joîe che!
nur wenig Chili(s) wollend ist
Machen Sie es nicht so scharf!

ek mosambî jûs [juice] **lâvo pa<u>n</u> baraf na joîe!**
eins süße-Limone Saft bring-! aber Eis nicht wollend
Bringen Sie mir einen Limonensaft, aber ohne Eis!

In vielen Lokalen bekommt man eine Rechnung, die man dann beim Chef an der Kasse bezahlt.

bhâî, bil [bill] **lâvo!**
Bruder(m), Rechnung(m) bring-!
Herr Ober! Die Rechnung, bitte!

Kaufen & Handeln

Ob auf Märkten, in den Bazars oder in einigen Geschäften, in Hotels, bei Fahrzeugvermietungen oder mit Taxi- und Rikschafahrern, das Handeln ist üblich, und man sollte auch ruhig Gebrauch davon machen. Es ist eine alte Tradition und eine echte Kunst. Man kann keine allgemein gültigen Regeln aufstellen, wie man sich beim Handeln zu verhalten hat oder wie viel Nachlass man verlangen kann. Sie müssen übrigens nicht sofort beim Erstbesten kaufen! Es ist sinnvoll, sich umzuschauen und Preisvergleiche anzustellen.

Fragen Sie ruhig zuerst nach dem Befinden des Verkäufers, und plaudern Sie möglichst viel mit ihm auf Gujarati, damit er erkennt, dass Sie sich auskennen und nicht leicht „über den Tisch zu ziehen" sind.

Denken Sie daran: Handeln ist mit Humor und „Theaterspielen" verbunden. So kann man Witze machen und sich originelle Gründe einfallen lassen, um etwas billiger zu bekommen. Auch Weggehen hilft oft, und man wird vom Verkäufer zurückgerufen.

Verlieren Sie nie die Geduld! Ein gutes Geschäft dauert unter Umständen einige Stunden, wenn nicht sogar Tage. Bleiben Sie freundlich! Handeln ist ein Spiel, bei dem letztendlich beide Verhandlungspartner den besten gemeinsamen Nenner erzielen wollen.

mane ... joîe che!
mir ... wollend ist
Ich möchte ... kaufen.

jarâ mane ... dekhâdo!
wenig mir ... zeige-!
Zeigen Sie mir bitte ...!

mane ... game che.
mir ... mögen ist
Mir gefällt ...

mane ... game nathî.
mir ... mögen nicht-sein
Mir gefällt nicht ...

bîjâñ pan che?
zweite(s,Mz) auch sind
Gibt es auch andere?

â ketluñ che?
dieser wieviel ist
Wie viel kostet das (da)?

baso rûpiyâ.
zwei-hundert Rupees
200 Rupees.

are bâp! huñ karodpati nathî!
hey Vater, ich Millionär nicht-sein
Was?! Ich bin doch kein Millionär!

Sehen Sie es nicht als Bösartigkeit an, wenn man Ihnen zunächst einen zu hohen Preis nennt, sondern zeigen Sie, dass Sie Bescheid wissen, und handeln Sie, was das Zeug hält, ohne das Ganze zu ernst zu nehmen. Wenn Sie den Betrag, um den Sie „streiten", in europäische Standards umrechnen, geht es meist um lächerliche Beträge.

â bahu kharcâl che!
dieses sehr teuer ist
Das ist sehr teuer!

nâ sâheb, â ghanuñ sastuñ che!
nicht Herr, dieses sehr billig(s) ist
Nicht doch mein Herr! Das ist sehr billig!

thîk che, ekso pacâs lyo!
gut ist, eins-hundert fünfzig nimm-!
Also gut, hier nehmen Sie 150!

barâbar! ekso pacâs thîk che!
korrekt, eins-hundert fünfzig gut ist
O.K. 150 geht in Ordnung!

tame kredit kard [credit card] **leo cho?**
du Kredit Karte(m) nehmen bist
Akzeptieren Sie Kreditkarten?

tame koî diskâuñt [discount] **âpo cho?**
du einige Nachlass(m) geben bist
Geben Sie einen Preisnachlass?

Die Gujaratis gelten als die besten, aber auch schlitzohrigsten Geschäftsleute des Landes. Es ist interessant, in welchen für uns selbst abwegigsten Situationen sie nach einem Preisnachlass fragen, und man kann das ruhig nachmachen.

kharîdvuñ	kaufen
vecvuñ	verkaufen
jovuñ	anschauen
shodhvuñ	suchen
dekhâdvuñ	zeigen
kiñmat (w)	Preis
paiso	Geld
kharcâl; moñghuñ	teuer
sastuñ	billig
diskâuñt [discount]	Preisnachlass
bajâr; mârket [market]	Markt
dukân (w)	Laden, Geschäft
dukândâr	Ladenbesitzer

Maße & Gewichte

In Indien benutzt man gleichermaßen europäische und anglo-amerikanische Maß- und Gewichtseinheiten. Typisch einheimische Größen gibt es nur noch vereinfacht und variieren beträchtlich von Ort zu Ort.

Sämtliche Maßangaben sind männlich.

grâm [gramme]	Gramm
kilugrâm [kilogramme]	Kilogramm
lîṯar [litre]	Liter

mane ek kilugrâm sapharjan joîe che.
mir eins Kilogramm Apfel(s) wollend ist
Ich möchte ein Kilo Äpfel.

Schmuck (javeshat)

caktuñ (s); **lâkeṯ** [locket]	Anhänger, Medaillon
kañgan	Armband
cuḏî (w)	Armreif der Frauen
sâḏî pîn (w)	Brosche
sonuñ (s)	Gold
vâḻnî pîn (w)	Haarklammer
hâr	Halskette
kaḏî (w)	Kette
tâñbu (s)	Kupfer
nath vâḻî (w)	Nasenring
nânnî kaḏî (w)	Ohrring
vîñṯî (w)	Ring
poñcî (w)	Fußkettchen
ḏabo	Schmuckschatulle
rûpuñ (s); **câñdî** (w)	Silber

Kleidung (kapdâñ)

Der Pyjama ist ein indisches Gewand aus Baumwolle oder Leinen, das tagsüber getragen wird. Die Briten haben diese Gewänder adaptiert und als Nachtgewand nach England importiert. Saris sind die langen indischen Tücher, die auf komplizierte Weise gewickelt und von Frauen als Gewänder getragen werden.

dhotiyuñ (s)	Dhoti (langes Lendentuch)
dupatto	Halstuch
kudtâ; kamîj (w)	Hemd (indisch)
shart [shirt]	Hemd (westlich)
pent [pants]; **pâtlûn**	Hose
khâdî (w)	handgewebte Baumwollkleidung
luñgî (w)	Lungi (kurzes Lendentuch)
pâyjâmo	Pyjama
cappal	Sandalen
sâdî (w)	Sari
jodâ (m/Mz)	Schuhe
resham	Seide
pañjâbî sût; salvâr kamîj (w)	Shalwar Kameez, traditionelles Gewand f. Frauen (Hemd-Hose)
mojâ (m/Mz)	Socken
rumâl	Taschentuch
sâphâ (s)	Turban

Farben

Nur die Wörter auf -o *sind veränderlich und werden dementsprechend gebeugt. Alle anderen sind folglich unveränderlich.*

vâdli	blau
bhûro	braun
kiramjî; jâñblî	dunkelrot, purpur
pilo	gelb
lilo	grün
nârañgî	orange
gulâbî	rosa
lâl	rot
kâlo – saphed; dholo	schwarz – weiß
jâñbudîo	violett, lila

Kunsthandwerk & mehr

citra (s)	Bild
mahiñdî (w)	Henna
lâkduñ (s)	Holz
cañbîlî (w)	Jasmin
kâjal	Kajal (Augenschminke)
toplî (w)	Korb
sañgît vâdh (s)	Musikinstrument
putlo	Statue
vâsan (s)	Teekanne
pyâlo	Teetasse
shetrañjî (w)	Teppich

kleine Helfer

shañpû [shampoo]	Shampoo
toîlit pepar [toilet paper]	Klopapier
sâbu (s)	Seife
diodoreñt [deodorant]	Deo
tûthpest [toothpaste]	Zahnpasta
tûthbrash [toothbrush]	Zahnbürste
san loshen [sun lotion]	Sonnencreme
baitrî [battery] (w)	Batterie
kalam	Stift
kâgal	Papier
kandem [condom]	Kondom
tishyû [tissue]	Taschentuch

Unterwegs

Im Bundesstaat Gujarat unterwegs zu sein, macht Spaß, da erstens die Menschen aufgeschlossen und hilfsbereit sind und zweitens das Transportsystem ausgesprochen gut ist.

Wenn man nach dem Weg fragt, sollte man sehr genau beschreiben, wohin man will und vielleicht sogar mehrere Personen darauf ansprechen, um sicher sein zu können, dass man nicht aus Versehen in die falsche Richtung unterwegs ist.

Alle Aktionen im Flugverkehr werden auf Englisch abgewickelt. Deshalb ist es hierbei nicht notwendig, Gujarati zu sprechen.

zu Fuß

Praktisch alle Städte Gujarats – ob Ahmedabad, Surat, Vadodara, Bhuj oder Rajkot – lassen sich gut zu Fuß erkunden. Häufig findet man die Altstadt mit engen Gassen, auf denen sich das Leben abspielt. Hier sollte man sich einfach treiben lassen und das Fremde genießen. In der Neustadt befindet sich meist das moderne Geschäftsleben mit Banken, Büros und Regierungsgebäuden.

mâph karjo, mañdir kyâñ che?
Verzeihung mach-!, Tempel(s) wo ist
Verzeihung, wo ist der Tempel?

ahîñ-thî sidhâ jasho!
hier-von geradeaus gehen-wirst
Gehen Sie von hier aus geradeaus!

mâph karjo *verwendet man oft bei einer Bitte um Auskunft. Außerdem wird in diesen Sätzen die Zukunftsform als höfliche Aufforderung verwendet. MG ist die Abkürzung für Mahatma Gandhi. Die* MG Road *ist in den meisten indischen Städten das Hauptgeschäftsviertel.*

Richtungsangaben findet man in der rechten inneren Umschlagklappe.

câr rastâ-thî d̲âbi bâju jasho ane tyâñ mañdir josho!
vier Wege(m,Mz)-von linke Seite gehen-wirst und dort Tempel sehen-wirst
Biegen Sie bei der nächsten Kreuzung nach links ab, und dort werden Sie ihn sehen.

ahîñ-thî em jî rod̲ bahu dûr che?
hier-von MG Road sehr weit ist
Ist die MG Road weit von hier?

ahîñ-thî bajâr ket̲lî dûr che?
hier-von Markt(w) wieviel weit ist
Wie weit ist der Markt von hier?

Bedenken Sie immer, wen Sie fragen. So sollte man auf der Suche nach dem Nobelrestaurant im Polo-Club nicht den Zeitungsverkäufer an der Ecke fragen. Geschäftsbesitzer kennen ihre Viertel meist ausgesprochen gut.

Die Städteplaner haben mit der Einführung von neuen, indischeren Straßennamen ein komplettes Chaos angerichtet. Aus diesem Grund ist es nicht besonders sinnvoll, mit dem Stadtplan bewaffnet einen Passanten oder Taxifahrer anzusprechen. Dieser wird nämlich die Straße unter dem eingetragenen Namen nicht kennen. Der alte – meist englische – Namen, der ihm geläufig ist, findet sich wiederum nicht in Ihrem Plan ...

Längenmaße

iñc [inch]	Inch (1 Inch = 2,54 cm)
fît̲ [feet]	Feet (1 Foot = 0,30 m)
[kilu]mit̲ar [(kilo)metre]	(Kilo)Meter

mit dem Taxi

t̲eksî (w)	Taxi
rikshâ (w)	Rikscha (Motor-/ Fahrrad-)
d̲râivar [driver]	Fahrer
mit̲er [metre]	Zähler
t̲erif kâd [tariff card]; **bhâd̲â-nuñ lîst**	Fahrpreistabelle
nagar (s), **shaher** (s), **gâm** (s)	Stadt
gâmd̲uñ (s)	Dorf
havâî mathak (s)	Flughafen

Gerade in ländlichen Gegenden nehmen Fahrer auch öfters mehrere Gäste mit. Der Preis wird dann geteilt!

In indischen Städten gibt es Taxis und Motorrikschas, von denen alle einen Zähler haben. Da die Zähler meist alt sind und die Inflation groß, zeigen sie einen Preis an, der nicht mehr aktuell ist. Die Fahrer haben aber eine Tabelle, mit der sie den angezeigten Preis in den jetzt gültigen – der natürlich höher ausfällt – umrechnen. Nicht selten ist es aber ein Problem, den Fahrer dazu zu bewegen, den Zähler einzuschalten. Oft wird er darauf bestehen, einen Festpreis zu bekommen. Sollte das der Fall sein, muss man diesen Preis unbedingt vorher ausmachen.

ahîñ t̲eksî kyâñ che?
hier Taxi(w) wo ist
Wo kann ich hier ein Taxi bekommen?

mit̲er [metre] **calâvo!**
Zähler gehen-mach-!
Schalten Sie den Zähler ein!

Übrigens sollte man über sein Fahrziel immer etwas mehr als nur die Straße oder das Stadtviertel wissen, zum Beispiel „in der Nähe des Air India Büros" oder so ähnlich. Die Straßen sind sehr lang, und die Taxifahrer kennen nicht immer die Straßennamen.

mane ashokâ hotal-mâñ [hotel] **laî jâo.**
mir Ashoka Hotel[g]-in nehmen(-î) geh-!
Fahren Sie mich zum Hotel Ashoka.

sâheb, miter [metre] **kâm nathî kartuñ!**
Herr(m), Zähler(s) Arbeit(s) nicht machend
Mein Zähler ist kaputt, mein Herr!

thîk! to shuñ bhâduñ che?
gut, so was Fahrpreis(s) ist
Na gut, und wie viel wird das kosten?

vishvâs râkho! pramâniktâ mâruñ laksya che!
Vertrauen(m) bleibe-! Ehrlichkeit(w) mein Motto(s) ist
Machen Sie sich keine Sorgen! Ehrlichkeit ist mein Motto!

phakta ekso pacâs rûpiyâ!
nur eins-hundert fünfzig Rupees(m,Mz)
Nur 150 Rupees!

â bahu kharcâl che!
dieses sehr teuer ist
Das ist sehr teuer!

thîk che, câlo!
gut ist, fahr-!
In Ordnung, fahren wir!

beso!
setz-dich-!
Nehmen Sie Platz!

sîdhâ câlo!
geradeaus fahr-!
Fahren Sie geradeaus!

jaldî karo!
schnell mach-!
Beeilen Sie sich!/ Fahren Sie schneller!

roko!
halte-!
Halten Sie an!

mit dem Bus

Busse sind gute Fortbewegungsmittel. Es gibt in den meisten Städten Nahverkehrsbusse, die eine billige Alternative zu Taxis sind, aber dafür oft brechend voll sein können. Im Überlandverkehr werden auch Busse eingesetzt. Hierbei gibt es verschiedene Preis- und Komfortklassen. Die billigsten brauchen oft „endlos" und halten grundsätzlich an allen nur erdenklichen Stationen. Es gibt aber auch Luxus-(luxury-class) und Deluxe-Klassen (deluxe-class), die vor allem zwischen den größeren Städten verkehren.

bas [bus] (w)	Bus
ṯikiṯ [ticket] (w)	Fahrkarte
van ve ṯikiṯ [One Way Ticket]	einfache Fahrkarte
riṯern ṯikiṯ [Return Ticket]	Hin- und Rückfahrkarte
bas sṯop [bus stop]; **bas sṯenḏ** [bus stand]	Bushaltestelle
bas sṯeshan [bus station]	Busbahnhof
caḏvuñ	einsteigen
utarvuñ	aussteigen
ḏrâivar [driver]	Fahrer
utâru	Passagier
varg	Klasse (Bus/Zug)
sâmân	Koffer, Gepäck
sîṯ [seat] (w)	Sitzplatz
buking [booking]	Reservierung

Aufgrund der oft schlechten Straßenverhältnisse ist das Busfahren nicht immer ganz ungefährlich, und bei längeren Strecken sollte man Nachtfahrten möglichst vermeiden.

kaî bas [bus] **amdâvâd jashe?**
welcher Bus(w) Ahmedabad gehen-wird
Welcher Bus fährt nach Ahmedabad?

â bas [bus] **surat jashe?**
dieser Bus(w) Surat gehen-wird
Fährt dieser Bus nach Surat?

kyâre jashe?
wann gehen-wird
Wann fährt er ab?

mârâ sâmân-nî sañbhâl̲ râkhjo!
mein Gepäck(m,Mz) organisieren(–) stell-!
Bitte verstauen Sie mein Gepäck!

mit dem Zug

Mit dem Ticket begibt man sich nun auf die Suche nach dem Zug und stellt fest, dass an dem Wagen, in dem man gebucht hat, ein Zettel angebracht ist mit den Sitzplatznummern und den Namen der Reisenden.

Viel sicherer als mit dem Bus ist es, mit dem Zug zu reisen. Indien hat eins der größten Bahnnetze unseres Planeten, und schon alleine deswegen gehört eine Reise mit dem Zug unbedingt dazu. Um mit dem Zug zu fahren, braucht man eine Fahrkarte, ausgestellt auf einen ganz bestimmten Tag, einen bestimmten Zug und einen Sitzplatz. Es ist keine schlechte Idee, einige Tage vor Abfahrt zu reservieren, da Züge sehr voll sein können. Das gilt an Feiertagen umso mehr. Für einige Züge gibt es eigene Fahrkartenkontingente für Touristen (tourist quota).

Es gibt verschiedene Zugarten. Man unterscheidet v. a. zwischen Express, Mail und Passenger Trains, wobei der Express Train der schnellste ist. Innerhalb der Züge gibt es verschiedene Klassen. Grundsätzlich unterscheidet man zwischen erster und zweiter Klasse. Innerhalb dieser Klassen gibt es aber Schlafwagen (sleeper-class) und Sitzwagen (chair und seat-class). Außerdem unterscheidet man noch die Wagen mit und ohne Klimaanlage (air-con).

s̲teshan [station]	Bahnhof
relve [railway] (w)	Eisenbahn
relgâd̲î (w); **t̲ren** [train] (w)	Zug
koc [coach]	Wagen
bert̲h [berth]	Abteil
cer kar [chair car]	Wagen mit Liegesesseln
peñt̲rî kar [pantry car]	Speisewagen
sliper [sleeper]	Liegebank
pahelo varg	erste Klasse
bîjo varg	zweite Klasse
buking [booking]	Reservierung
bârî (w)	Schalter
t̲î sî [TC - ticket collector]	Kontrolleur
pravâs; musâfarî (w)	Reise
pravâs karvuñ; musâfarî karvuñ	verreisen

Die Briten haben das Bahnsystem des Subkontinents geprägt. Deshalb sind auch heute noch die meisten Ausdrücke auf Englisch.

mane amdâvâd-nî pahelâ varg-nî t̲ikit̲ [ticket] **âpo.**
mir Ahmedabad-von erste(g) Klasse[g]-von Fahrkarte(w) gib-!
Geben Sie mir ein Erste-Klasse-Ticket nach Ahmedabad.

mane vadodarâ javuñ che!
mir Vadodara gehen ist
Ich möchte nach Vadodara fahren!

bhûj-nuñ bhâduñ ketluñ che?
Bhuj-von(s) Fahrpreis(s) wieviel ist
Wie viel kostet es nach Bhuj?

Der „Pantry Car“ hat wenig mit einem Speisewagen in europäischen Zügen zu tun. Es handelt sich vielmehr um eine Großküche, in der andauernd Snacks, Tee, Kaffee und andere Getränke zubereitet werden, die dann von Kellnern im gesamten Zug verkauft werden. Die bekanntesten Speisen in indischen Zügen sind âmlets [omelettes] aus Eiern und katlets [cutlets], eine meist vegetarische Frikadelle.

Übrigens sollte man immer nach der Dauer der Fahrt fragen und nicht nach den Kilometern, da die Relation in keinster Weise etwas mit europäischen Standards zu tun hat und man Hochrechnungen wie 100 km = 1 Stunde unbedingt vermeiden sollte.

musâfarî lâmbî che?
Reise(w) lang ist
Ist die Reise lang?

gâñdhînagar ahîñ-thî ketluñ dûr che?
Gandhinagar hier-von wieviel(s) weit ist
Wie weit ist Gandhinagar von hier aus?

tyâñ pahoñctâ ketlo vakhat lâgshe?
dort ankommend(m,Mz) wieviel Zeit(m) fühlen-wird
Wie lange dauert es, dorthin zu fahren?

gâdî kayâ pletform [platform] **upar âvshe?**
Wagen(w) welcher(g) Bahnsteig(m)[g] auf kommen-wird
Auf welchem Bahnsteig kommt der Zug an?

Wer mitteleuropäische Standards der Pünktlichkeit gewohnt ist, wird auf dem Subkontinent nicht selten auf eine Zerreißprobe gestellt, sind doch Züge oft verspätet oder gar gestrichen. In so einem Fall ist Improvisierungskunst und Flexibilität angesagt.

Grundsätzlich sollte man zeitlich nie zu knapp planen und alle Eventualitäten mit einrechnen!

tamârî tren [train] **modî pahoñcshe.**
dein Zug(w) zu-spät(w) kommen-wird
Ihr Zug ist verspätet.

relgâdî keñsil [cancel] **thaî che!**
Zug(w) gestrichen wurde(w) ist
Der Zug ist gestrichen worden!

Auf Bahnhöfen des Subkontinents findet man Gepäckträger (kulî), die einem für ein paar Rupees selbst die schwersten Koffer und Rucksäcke schleppen. Auch hier gilt: Den Preis stets vorher aushandeln!

kulî, mâro sâmân pletform [platform] **nañbar pañdar upar laî lyo!**
Träger(m), mein(m) Gepäck(m) Bahnsteig Nummer fünfzehn auf nehmen(-î) nimm-!
Träger, bringen Sie mein Gepäck zum Bahnsteig zwei!

selbst am Steuer

Wer noch unabhängiger unterwegs sein will, kann sich sein eigenes Fahrzeug mieten oder gar kaufen. Besonders das ländliche Gujarat

Mietautos gibt es auch, allerdings ist es ratsam, diese mit Fahrer zu nehmen, da Sie sich erstens nicht an den chaotischen Linksverkehr gewöhnen müssen und zweitens der Preis nur geringfügig variiert.

Das Wort SUMO *bezieht sich auf den gleichnamigen Jeep der Firma* TATA.

und das Wüstengebiet von Kachchh eignen sich für „Spritztouren“ und Off-Road-Abenteuer auf eigenen Rädern.

divas-nuñ / aṯhvâḏiyâ-nuñ bhâḏuñ shuñ che?
Tag[g]-von Woche(g)-von Miete(s) was ist
Wie viel kostet das pro Tag/Woche?

signel [signal]	Ampel
gaḏî (w)	Auto
baiṯrî [battery] (w)	Batterie
peṯrol [petrol]	Benzin
brek [brake]	Bremse
sâykal [cycle] (w)	Fahrrad
laiseñs [licence]	Führerschein
gîr [gear]	Gang
helmeṯ [helmet]	Helm
jîp [jeep]; **sûmo**	Jeep
naksho	(Land-)Karte
reḏiyeṯar [radiator]	Kühler
klac [clutch]	Kupplung
hainḏalbâr [handlebars]	Lenkstange
lori [lorry]; **ṯrak** [truck]	LKW
havâ (w)	Luft
enjin [engine]	Motor
bâik [bike]; **moṯârsâikil** [motorcycle] (w)	Motorrad
skûṯar [scooter]; **kâineṯik** [kinetic]	Motorroller; Mofa; Moped
âil [oil]; **tel** (s)	Öl
ṯâyar [tyre]	Reifen
durastî karvuñ	reparieren
ṯenk [tank]	Tank
inshurens [insurance]	Versicherung

ahîñ petrol pañp [petrol pump] **kyâñ che?**
hier Erdöl Pumpe(m) wo ist
Wo gibt es hier eine Tankstelle?

Motorroller, Mofas, Mopeds und Vespas kann man in Indien ohne Führerschein fahren. Für Autos und Motorräder braucht man dagegen eine internationale Fahrerlaubnis.

â mumbaî-no rasto che?
dieser Mumbai-von(m) Straße ist
Führt diese Straße nach Mumbai?

ame rasto bhûlî gayâ!
wir Straße(m) vergessen(-î) gingen(m,Mz)
Wir haben uns verlaufen/verirrt.

âil [oil] **ane pânî tapâso!**
Öl(m) und Wasser(s) überprüfe-!
Überprüfen Sie Öl und Wasser!

tame â durastî karî shako cho?
du diese Reparatur(w) machen(-î) können bist
Können Sie das reparieren?

enjin [engine] **caltuñ nathî!**
Motor(s) funktionierend nicht-sein
Der Motor funktioniert nicht.

mârî gâdî kharâb che!
meine Auto(w) kaputt ist
Mein Auto hat eine Panne!

tâyar [tyre] **phâtî gayo.**
Reifen(m) platzen(-î) ging(m)
Ich habe eine Reifenpanne!

â tâyar [tyre] **badlo!**
dieser Reifen(m) tausche!
Wechseln Sie den Reifen!

tenk [tank] **bharo!**
Tank(m) füll-!
Volltanken, bitte!

Auf dem Lande

Die Mehrheit der Bevölkerung Gujarats lebt und arbeitet auf dem Land. Wer also wirklich etwas über die Gujarati-Gesellschaft erfahren möchte, sollte auch das Land jenseits der großen Städte besuchen.

In Indien unterscheidet sich das Leben in der Stadt grundlegend von dem auf dem Land. Während man sich in den Großstädten absichtlich weltoffen, mondän und fortschrittlich zeigt, ist die Landbevölkerung traditionalistisch und oft noch sehr religiös, dafür aber offenherzig und großzügig.

Wenn Sie als Fremder in ein Dorf kommen, sollten Sie umgehend Kontakt mit den Einheimischen aufnehmen, um nicht als unerwünschter Eindringling zu gelten.

khetar (s)	Bauernhof, Feld
jhâd (s)	Baum
parvat	Berg
phûl (s)	Blumen
gâmduñ (s)	Dorf
nadî (w)	Fluss
ghâs (s)	Gras
dungar	Hügel
khetî (w)	Landwirtschaft
sarovar (s)	See
jañgal [jungle] (s)	Wald
pânîno dhodh; **jalprapât**	Wasserfall
pâk (s)	Ernte
pâk kâpvuñ	ernten

ahîñ loko shuñ kare che?
hier Leute(m) was machen sind
Was machen die Menschen hier?

pâk kyâre thashe?
Ernte wann werden-wird
Wann findet die Ernte statt?

Die Menschen auf dem Land sind arm und einfach, dafür aber immer äußerst gastfreundlich. Mit Sicherheit werden Sie folgenden Satz oft zu Ohren bekommen:

shistâcâr na karo, tamâruñ ja ghar samjo!
Zurückhaltung nicht mach-!, dein nur Haus(s) versteh-!
Seien Sie nicht schüchtern! Fühlen Sie sich ganz wie zu Hause!

Übernachten

Von einfachen Absteigen für ein paar Rupees bis hin zu internationalen 5-Sterne-Palästen werden Sie in Indien alles finden. In den touristisch erschlossenen Gebieten, wie Diu und speziell in Ahmedabad, sind die Hotels natürlich etwas teurer, dafür aber oft auch sauberer. Billige Pensionen findet man zum Beispiel in der Altstadt und nahe den diversen Bus- und Zugbahnhöfen. Auf dem Land gibt es Gasthäuser und Pensionen, in denen man auch speisen kann – das nennt sich „Lodging and boarding“ oder khâvâ ane rahevâ. Hier sollte man im Vorfeld unbedingt klären, was der Preis des Zimmers beinhaltet (Ventilator, Klimaanlage, Warmwasser, TV etc.).

Echte Campingplätze findet man nicht, dafür kann man fragen, ob man auf einem Privatgrundstück kampieren darf. In den Wüstenregionen des Bundesstaates ist natürlich auch wildes Campen möglich.

Vorsicht! hotal *bezeichnet in Indien auch oft Restaurants. Also nicht überall, wo Hotel draufsteht, ist auch Hotel drin ...*

sârî hotal [hotel] **kyâñ malshe?**
gut Hotel(w) wo finden-wird
Wo gibt es hier ein gutes Hotel?

huñ gesthâus [guesthouse] **shodhuñ chuñ.**
ich Pension(m) suchen bin
Ich (m/w) suche nach einer Pension.

mane ek siñgal rûm [single room] **joîe che.**
mir eins einzel Zimmer(m) wollend ist
Ich möchte ein Einzelzimmer.

dabal rûm-nuñ [double room] **bhâduñ shuñ che?**
doppelt Zimmer(m)[g]-von Preis(s) was ist
Wie viel kostet ein Doppelzimmer?

ek divas-ne mâte *eins Tag[g]-von für*	für einen Tag
be divas-ne mâte *zwei Tag[g]-von für*	für zwei Tage
tran divas-ne mâte *drei Tag[g]-von für*	für drei Tage
ek athvâdiyâ-ne mâte *eins Woche(g)-von für*	für eine Woche

huñ ordo joî shakuñ chuñ?
ich Zimmer(m) sehen(-î) können bin
Kann ich das Zimmer sehen?

amne snânghar vâlo ordo joîe che!
uns Badezimmer(s) Besitzer(m) Zimmer(m) wollend ist
Wir wollen ein Zimmer mit Bad!

orḏâ-mâñ garam pâṉî che?
Zimmer(g)-in heiß Wasser(s) ist
Gibt es Warmwasser auf dem Zimmer?

In vielen Hotels ist dies nicht zwangsläufig der Fall, dafür kann man sich für wenig Geld Eimer mit kochend heißem Wasser bringen lassen. Übrigens gibt es gerade in billigen Hotels oftmals keine Dusche, sondern nur einen Wasserhahn und einen Eimer, der gefüllt wird. Daneben befindet sich ein Schöpfbecher mit dem man sich das Nass über den Körper gießt.

In die Hotels kommen täglich Wäscher (dhobî)*, die Ihre Kleidung für einige Rupees waschen und bügeln. Man kann diesen Service bedenkenlos nutzen!*

hoṯal-mâñ [hotel] **dhobî che?**
Hotel[g]-in Wäscher ist
Gibt es in diesem Hotel einen Wäscher?

kapḏâñ dho!
Wäsche(s,Mz.) wasch-!
Waschen Sie diese Wäsche!

hoṯal [hotel] (w/s)	Hotel
gesṯhâus [guesthouse]	Pension
loj [lodge]	Hotel, Pension (untere Preisklasse)
orḏo; rûm [room]	Zimmer
ḏabal rûm [double room]	Doppelzimmer
siñgal rûm [single room]	Einzelzimmer
mâḻ	Stockwerk
câvî (w)	Schlüssel
khâlî	leer, unbesetzt
bhareluñ	voll, besetzt

Jugendherbergen gibt es in Indien nur in Form von christlichen Zentren, wie dem YWCA für Frauen oder dem YMCA für Männer. Das englische Wort „Hostel“ bezeichnet nur Studentenwohnheime.

pathârî (w)	Bett
dabal bed [double bed]	Doppelbett
kâmlo; **dhâblo**	Decke
câdar (w)	Laken
ushîkuñ (s)	Kopfkissen
e sî [AC]	Klimaanlage
pañkho	Ventilator
snânghar (s); **toîlit** [toilet] (s)	Badezimmer, Toilette
toîlit pepar [toilet paper]	Klopapier
divo	Lampe
vîjlî (w)	Strom
sef [safe]	Safe
sâbu (s)	Seife
tuvâl [towel]; **rumâl**	Handtuch
thañduñ pânî (s)	Kaltwasser
garam pânî (s)	Warmwasser
bâldî (w)	Eimer
gîsar (s)	Boiler
sâph; cokkhuñ	sauber
gañduñ	schmutzig
buking [booking] **karvuñ**	reservieren

Fotografieren

Der Bundesstaat Gujarat bietet traumhafte Motive, die jeden Fotografen faszinieren. Die Landschaft ist extrem eindrucksvoll, die Architektur ist abwechslungsreich, und die Menschen sind fotogen. Trotzdem sollte man nicht Personen ablichten, ohne vorher ihr Einverständnis zu bekommen.

Viele Inder leben in unsagbarer Armut und sind sich dessen bewusst. Klar, dass sie da nicht begeistert sind, wenn man diesen Anblick auch noch für die Ewigkeit festhält. Viele Einheimische werden erst einwilligen, wenn Sie ihnen versprechen, später das Foto zu schicken.

huñ ahîñ phot̲o [photo] **leî shakuñ chuñ?**
ich hier Foto(m) nehmen(-î) können bin
Entschuldigung, darf ich hier fotografieren?

mî tamâro phot̲o [photo] **kâd̲h̲î shakuñ chuñ?**
ich dein Foto(m) zeichnen(-î) können bin
Entschuldigung, darf ich dich fotografieren?

tame phot̲o [photo] **leî shako cho.**
du Foto(m) nehmen(-î) können bist
Du kannst (darfst) ein Foto machen.

hâ, pan̲ shâ mât̲e?
ja, aber was(g) für
Ja, aber warum?

mane phakta ek yâd joîe che!
mir nur eins Erinnerung(w) wollend ist
Ich möchte nur eine Erinnerung!

huñ tamne â phot̲o [photo] **mokal-îsh.**
ich dir dieses Foto(m) schicken-werde
Ich werde dir/Ihnen das Foto schicken.

Man muss aufpassen, dass man nicht aus Versehen militärische Einrichtungen fotografiert. Hierzu können Kasernen, Polizeiposten, aber auch Flughäfen, Brücken und Straßen zählen.

Das Entwickeln von Filmen ist in Indien oft billiger als bei uns. Vorsicht bei fliegenden Straßenhändlern, die Filme verkaufen wollen, da diese oft in der prallen Sonne gelagert wurden.

filim [film] (w)	Film
rol [roll]	Filmrolle
rangîn filim (w)	Farbfilm
blaik end whâit filim (w) [black and white film]	Schwarz-Weiß-Film
kemrâ [camera]	Kamera
vidiyo [video]	Video
photo [photo]	Foto
flesh [flash]	Blitz
lens [lens]	Linse
baitrî [battery] (w)	Batterie, Akku
photo kâdhvuñ; **photo levuñ**	fotografieren
divelap [develop] **karvuñ; prases** [process] **karvuñ**	Film entwickeln

Bank, Post & Telekommunikation

Wer in offiziellen oder organisatorischen Dingen mit den staatlichen Büros, Banken oder ähnlichem zu tun hat, sollte bedenken, dass es hier oft auf eine möglichst präzise Ausdrucksweise ankommt. Gujarati ist die offizielle Amtssprache des indischen Bundesstaates Gujarat, und hier kann man meist problemlos auch mit Beamten oder Angestellten in deren Sprache kommunizieren.

Sollte Ihr Gegenüber Sie dennoch nicht verstehen, versuchen Sie es auf Englisch oder noch besser auf Hindi.

Bank

In indischen Großstädten gibt es internationale Banken. Hier kann Geld gewechselt und mit internationalen Kreditkarten gezogen werden. Bankbeamte sprechen meist gut Englisch. Banken sind sonntags geschlossen. Die Währung heißt Rupee.

beñk [bank]	Bank
cek [cheque]	Scheck
ṯraivalars cek [travellers' cheque]; **ṯî sî** [TC]	Reisescheck
ei ṯî em [ATM]	Geldautomat
paisâ badalvuñ	Geld wechseln
paisâ (m), **paiso**	Geld
koin [coin]	Münze
noṯ [note]	Geldschein
rûpiyo	Rupee
paisâ	Paisa (1 Rupee = 100 Paisa)
ḏolar [dollar]	Dollar
yûro [Euro]	Euro
svis [Swiss] **frenk**	Schweizer Franken

Vorsicht bei ambulanten Geldwechslern! Falschgeld ist allgegenwärtig und „Neulinge" werden oft zu Opfern von Betrug.

mane paiso badalvo che.
mir Geld(m) wechseln ist
Ich möchte Geld wechseln.

tame ṯraivalars cek [travellers' cheque] **leto cho?**
du Reise Schecks nehmen bist
Nehmen Sie meine Reiseschecks an?

mane kre<u>di</u>t kar<u>d</u>-thî [credit card] **paisâ khadhavvâ che.**
mir Kredit Karte[g]-von Gelder(m) ziehen ist
Ich möchte mit der Kreditkarte Geld ziehen.

âj-nuñ <u>d</u>olar re<u>t</u> [rate] **ke<u>t</u>luñ che?**
heute-von Dollar Kurs(s) wieviel ist
Wie ist heute der Kurs des Dollars?

sonâ kartâñ sâruñ ârogya kiñmatî che!
Gold als gut(s) Gesundheit(s) wert ist
Gesundheit ist mehr wert als Geld! (Sprichwort)

Post

Das Postsystem funktioniert trotz der Größe des Landes nahezu perfekt. Meist muss man auf den Ämtern allerdings etwas warten. Briefe nach Europa dauern etwa zwei Wochen, während Pakete schon mal bis zu drei Monaten unterwegs sein können.

Wer Päckchen verschicken will, sollte sich an des Hauptpostamt GPO wenden und etwas Zeit mitbringen.

<u>t</u>apâl (w)	Post
<u>t</u>apâl kacerî	Postamt
jî pî o [GPO]	Hauptpostamt
patra; kâga<u>l</u>	Brief
<u>t</u>ikî<u>t</u> [ticket] (s)	Briefmarke
eñvelap [envelope]	Briefumschlag
pârsal [parcel]	Paket
pos<u>t</u> kar<u>d</u> [postcard]	Postkarte
<u>t</u>hekânuñ (s); **sarnâmuñ** (s)	Adresse
mokalvuñ	schicken

mane â patra jarmanî [Germany] **mokalvo che.**
mir dieser Brief(m) Deutschland schicken ist
Ich möchte diesen Brief nach Deutschland schicken.

mane tikît [ticket] **joîe che.**
mir Briefmarke(s) wollend ist
Ich brauche eine Briefmarke.

Telekommunikation

In Indien ist das Telekommunikationsnetz noch staatlich. In allen Ortschaften gibt es Büros, von denen aus man Lokal-, National- und Ferngespräche führen kann. Während man vor einigen Jahren noch zahllose Stunden warten musste, ist die Abwicklung heute fast problemlos. In vielen Orten gibt es auch Internetbüros, bei denen man E-Mails abrufen und verschicken kann.

Viele Begriffe aus dem Bereich der Telekommunikationstechnik stammen aus dem Englischen.

mane ek ei es dî phonkaul [ISD phone call] **karvo che!**
mir eins ISD Telefonat(m) machen ist
Ich muss ein Ferngespräch führen!

lâin [line] **ingejd** [engaged] **che.**
Linie(m) besetzt ist
Es ist besetzt.

lâin [line] **kat** [cut] **thaî gayo.**
Linie(m) schneiden werden(-î) ging
Ich wurde unterbrochen.

mane ek rivars cârj [reverse charge] **phonkaul** [phone call] **karvo che.**
ich eins umgekehrt Gespräch Telefonat machen ist
Ich möchte ein R-Gespräch führen.

phon [phone]	Telefon
phon karvuñ	telefonieren
phonkaul [phone call]	Telefonat
pî sî o [PCO]; **lokel kaul** [local call]	Ortsgespräch
es ṯî ḏî [STD]	Ferngespräch (national)
ei es ḏî [ISD]	Ferngespräch (international)
âpereṯar [operator]	Telefonist
âñsering mashîn [answering machine]	Anrufbeantworter
nañbar [number]	Nummer
koḏ [code]	Vorwahl
ḏâirekṯrî [directory]	Telefonbuch
feks [fax]	Fax
feks mokalvuñ	Fax schicken
mobâil [mobile]	Handy
rivars cârj phonkaul [reverse charge phone call]	R-Gespräch

Internet

Im Land der Computertechnik ist es etwas absurd, mit den Computercracks des Landes auf Gujarati zu sprechen, da diese wohl ausnahmslos hervorragend das Englische beherrschen, daher hier nur die wichtigsten Wörter.

i mel [e-mail] (s)	E-Mail
i mel edres [e-mail address]	E-Mail-Adresse
fâil [file]	Datei
flopi [floppy]	Diskette

ahîñ internet ekses [internet access] **kyâñ he?**
hier Internet Verbindung wo ist
Wo gibt es hier ein Internetcafé?

mane i mel [e-mail] **mokalvuñ che.**
mir E-Mail(s) schicken ist
Ich möchte eine E-Mail verschicken.

Behörden

Behördengänge – sei es zur Verlängerung von Visa oder zur einfachen polizeilichen Anmeldung – können manchmal nervenaufreibend sein. Auf jeden Fall sollte man sich auf längere Wartezeiten einstellen. Grundsätzlich sollte man immer freundlich, geduldig und gut gekleidet auftreten. Die Beamten sind gewohnt, mit Respekt und Ehrfurcht behandelt zu werden, und man sollte dem zumindest nichts entgegensetzen. Ob es nützlich ist, Gujarati, Englisch oder eher gar nichts zu sprechen, sollte man vor Ort entscheiden.

Die meisten Büros sind samstags und sonntags geschlossen.

Korruption ist nicht selten. Man sollte aber selbst nie den ersten Schritt dazu tun. Wenn es notwendig ist, eine „Bearbeitungsgebühr" (lâñc) *zu zahlen, wird man Ihnen das durch die Blume mitteilen.*

Besonders wichtig im Umgang mit den Behörden ist, dass Sie den Satz „Warten Sie bitte kurz!" verstehen.

mane vîzâ [visa] **ikstenshan** [extension] **joîe che.**
mir Visum(m) Verlängerung(m) wollend ist
Ich möchte mein Visum verlängern lassen.

jarâ thobho!
wenig warte-!
Warten Sie bitte kurz!

lyo *ist die unregelmäßige Befehlsform von* levuñ *(nehmen)!*

â form [form] **lyo ane bharî âpo!**
dieser Formular(m) nimm-! und ausfüllen(-î) gib-!
Nehmen Sie dieses Formular, und füllen Sie es aus!

mane jarman [German] **râjdûtâvâs phon karvo che.**
mir deutsch Botschaft(m) Telefon machen ist
Ich möchte mit der deutschen Botschaft telefonieren.

polîs [police] (w)	Polizei
râjdûtâvâs	Botschaft (diplom.)
afsar [officer]	Beamter
ophis [office] (w); **kâryâlay** (s)	Büro
kastam [customs]	Zoll
pâsport [passport]	Reisepass
pâsport-no âñkdo	Reisepassnummer
lâiseñs [licence]	Führerschein
vîzâ [visa]	Visum
ikstenshan [extension]	Verlängerung
lâñc (w)	Schmiergeld

Krank sein

Das Gesundheitswesen in den Großstädten Gujarats ist normalerweise recht gut. In allen größeren Orten gibt es Krankenhäuser oder zumindest Krankenstationen.

Man unterscheidet zwischen vier verschiedenen Behandlungsmethoden. Da ist erstens die alte indische Medizin Ayurveda (âyurvedik), zweitens die griechisch-islamische Medizin (yûnânî) der Moslems, drittens die homöopathische Medizin (homiyopaithî) und letztendlich die orthodoxe westliche Schulmedizin (alopaithî). Bei kleinen Verstimmungen kann man auch mal alternative Ärzte aufsuchen, und man wird staunen, was diese für „Wunder“ vollbringen.

Halten Sie einige grundsätzliche Regeln ein, um gewisse Befindlichkeitsstörungen zu vermeiden: Trinken Sie kein Leitungswasser, und essen Sie kein ungewaschenes Obst und Gemüse.

huñ mâñḏo/mâñḏî chuñ.
ich krank(m/w) bin
Ich bin krank. *(sagt Mann/Frau)*

ḏokṯar [doctor] **kyâñ che?**
Arzt(m) wo ist
Wo gibt es einen Arzt?

mane ḏenṯisṯ-nî [dentist] **jarûr che.**
mir Zahnarzt(m)[g]-von Notwendigkeit(w) ist
Ich brauche einen Zahnarzt.

â ḏokṯar [doctor] **inglish** [English] **bolî shake che?**
dieser Arzt(m) Englisch sprechen(-î) können ist
Spricht dieser Arzt Englisch?

Krank sein

Die hier angegebenen Wörter und Sätze auf Gujarati wird man fast nicht brauchen, denn grundsätzlich sprechen alle Ärzte ein ausgezeichnetes Fach-Englisch, da an indischen Universitäten alle Naturwissenschaften ausschließlich in Englisch unterrichtet werden.

îspîtâl [hospital] **kyâñ che?**
Krankenhaus(m) wo ist
Wo ist ein Krankenhaus?

ahîñ dukhe che!
mir-hier schmerzen ist
Es tut mir hier weh!

... dukhe che.
... schmerzen ist
... tut mir weh.

mâro hâth	mein Arm
mârî âñkh	mein Auge
mâro pag	mein Bein / Fuß
mârî châtî	meine Brust
mârî âñglî	mein Finger
mâruñ galuñ	mein Hals
mâruñ hruday	mein Herz
mâruñ ghuñtan	mein Knie
mârâñ hâdkâñ	meine Knochen
mâruñ mâthuñ	mein Kopf
mâruñ âkhuñ sharîr	mein ganzer Körper
mârâñ fefsâñ	meine Lunge
mâruñ pet	mein Magen/Bauch
mâruñ nâk	meine Nase
mâro kân	mein Ohr
mârî pith	mein Rücken
mâro kabho	meine Schulter
mâro dâñt	mein Zahn

mane mîthopesâb che.
mir Diabetes(m) ist
Ich bin Diabetiker.

mane dam che.
mir Asthma(m) ist
Ich bin Asthmatiker.

mane sakhat jhâdâ âve che.
mir heftig Durchfälle(m) kommen ist
Ich habe starken Durchfall.

mane ... -nî elerjî [allergy] **che.**
mir ...[g]-von Allergie(w) ist
Ich bin gegen ... allergisch.

antibâyotik [antibiotics]	Antibiotika
penisilîn [penicillin]	Penizillin

mane lâge che ke tâv âve che.
mir fühlen ist dass Fieber(m) kommen ist
Ich glaube, dass ich Fieber habe.

mane flyû [flu] **che.**
mir Grippe(s) ist
Ich habe eine Grippe.

mane ... -nî davâ joîe che.
mir ...-von Medikament(w) wollend ist
Ich brauche ein Mittel gegen ...

jhâ<u>d</u>â (Mz)	Durchfall
shardî (w)	Erkältung
tâv	Fieber
flyû [flu] (s)	Grippe
udhras (w)	Husten
cep	Infektion
mâthâno dukhâvo	Kopfschmerzen
<u>t</u>â<u>d</u>hiyo tâv	Malaria
âdhâshîshî (w)	Migräne
kabajiyât (w)	Verstopfung

Vor allem bei ayurvedischen Ärzten kann man sich auch zu verschiedenen Themen beraten lassen. Besonders interessant sind hier die Informationen zur Ernährung.

ârogya (s)	Gesundheit
mâñdgî (w)	Krankheit
doktar [doctor]	Arzt
vaidya	ayurvedischer Arzt
dentist [dentist]	Zahnarzt
davâ (w); **ausadh** (s)	Medizin, Medikament
îspîtâl [hospital]	Krankenhaus
nars [nurse] (w)	Krankenschwester
dukhâvo	Schmerz
ausadhâlay; davâkhânuñ (s)	Apotheke
priskripshen [prescription]	Rezept
esprin [aspirin]	Aspirin
dukh dabâvnârî davâ (w)	Schmerztablette
bend ed [band aid]	Pflaster
udhras-nî davâ (w)	Hustensaft

Das Wort potânuñ *bedeutet „eigen“ und bezieht sich immer auf den Sprecher!*

mârî pâse potânî pickârî che.
mein(w) mit eigene Spritze(w) ist
Ich habe meine eigene Spritze dabei.

mane iñjekshen [injection] **na joîe!**
mir Injektion(m) nicht wollend
Ich möchte keine Injektion!

ciñtâ na karo, tamne ghanuñ jaldî sâruñ thaî jashe!
Sorgen nicht mach-!, dir viel schnell gut(s) werden(-î) gehen-werde
Mach dir keine Sorgen! Es wird dir bald wieder gut gehen!

Toilette

Der Standard der Toiletten entspricht nicht immer dem, was wir gewöhnt sind. In den Hotels und teuren Restaurants gibt es meistens europäische Toiletten, ansonsten findet man auch Steh- und Hockklos, auf denen es kein Toilettenpapier gibt, sondern nur einen Schlauch Wasser oder einen Krug, um sich nach getaner Arbeit die Hände zu waschen. Will man das nicht unbedingt ausprobieren, sollte man stets eigenes Papier bei sich haben. Dieses wiederum darf man nicht einfach in den Abfluss werfen, da der leicht verstopft.

snânghar kyâñ che?
Toilette(s) wo ist
Wo ist die Toilette?

snânghar (s); **toîlit** [toilet] (s)	Toilette, Badezimmer
toîlit pepar [toilet paper]	Toilettenpapier
tempen [tampon]	Tampon
seniterî nepkin [sanitary napkins]	Binde
nepî [nappy]	Windel

Kurzführer Kachchhi (Kutchi)

Auf eine genauere Beschreibung der Grammatik wird hier verzichtet. Die Aussprache richtet sich nach den Regeln des Gujarati.

Im äußersten Westen des Bundesstaates Gujarat erstreckt sich das Wüstengebiet „Rann of Kachchh" (auch „Rann of Kutch") mit seiner Hauptstadt Bhuj. Ursprünglich war dieser Landstrich unabhängig von seinem östlichen Nachbarn, und bis heute verweisen die stolzen Kachchhis gerne auf ihre eigene Kultur und Traditionen. Die wichtigste Sprache hier ist Kachchhi, das als Dialekt des in Pakistans Süden gesprochenen Sindhi bezeichnet wird. Dennoch ist Kachchhi mehr als ein Dialekt: Es besitzt eine reiche eigenständige Kultur, die nur mündlich überliefert wird, denn Kachchhi wird nicht geschrieben.

die wichtigsten Floskeln

Die Begrüßungsfloskeln unterscheiden sich erheblich von denen des Gujarati.

maherbânî!	Bitte!
âbhâr!	Danke!
hâ!	Ja!
nâ!	Nein!
kîñ ayo? *wie bist*	Wie geht es? / Guten Tag.
majâme! *Freude-in*	Es geht gut! (Antwort)
acîjâ! / âvjo!	Auf Wiedersehen!
hî kaṯlejo ây? *dieses wieviel ist*	Wie viel kostet das?
muke bhokh lagî ây. *mir Hunger gefühlt ist*	Ich habe Hunger.
muke taras lagî ây. *mir Durst gefühlt ist*	Ich habe Durst.

die wichtigsten Fragen & Sätze

Setzen Sie einfach die benötigten Wörter anstatt der Punkte ein. Die wichtigsten Hauptwörter lauten wie auf Gujarati.

... kad̲â ây? *... wo ist*	Wo ist ...?
âñje gâm kad̲â ây? *euer Dorf wo ist*	Wo ist euer Dorf?
... kad̲â maldho? *... wo es-gibt*	Wo gibt es ...?
jamejo kad̲â maldho? *Essen wo es-gibt*	Wo gibt es etwas zu essen?
... ây? *... ist*	Haben Sie ...?
pîn̲u ây? *Trinken ist*	Haben Sie etwas zu trinken?
âûñ ... kîñ vanî sagâ? *ich ... wie gehen kann*	Wie komme ich nach ...?
âûñ mâñd̲vî kîñ vanî sagâ? *ich Mandwi wie gehen kann*	Wie komme ich nach Mandwi?
muke ... khapeto! *mir ... wollend*	Ich möchte ...!
muke ... jarûr ây! *mir ... notwendig ist*	Ich brauche ...
muke ... d̲yo! *mir ... gib-!*	Geben Sie mir ...!
muke ... van̲nu ây! *mir ... gehen ist*	Ich möchte nach ... fahren! / Fahren Sie mich nach ...!

Obwohl die meisten Kachchhis heutzutage relativ problemlos Gujarati sprechen, ist man besonders in den zahlreichen Dörfern der Wüste sicher weit mehr willkommen, wenn man einige Worte auf Kachchhi sprechen kann. Deshalb hier die wichtigsten Sätze in dieser noch fast unbekannten Sprache.

Kommt man in ein Dorf, sollte man umgehend Kontakt zu den Einheimischen aufnehmen, um nicht als ungebetener Eindringling zu gelten. Es ist keine schlechte Idee, einige kleine Geschenke – wie Kugelschreiber oder Süßigkeiten – für die Kinder dabei zu haben.

Auf dem Lande

âñjo nâlo koro ây? *euer Name was ist*	Wie heißen Sie?
taujo nâlo koro ây? *dein Name was ist*	Wie heißt du? (zu Kindern)
mujho nâlo ... ây. *mein Name ... ist*	Ich heiße ...

Will man länger bleiben, sollte man fragen:

âûñ andar acî sagâ?
ich drinnen kommen kann
Darf ich reinkommen?

añy asâlâ jamejo bhanây sagdhâ?
ihr uns Essen machen könnt
Können Sie uns etwas zu essen zubereiten?

ha<u>d</u>â relâ maldho?
hier bleiben es-gibt
Kann man hier übernachten?

âñje gâm me relâ maldho?
euer Dorf in bleiben es-gibt
Kann man in Ihrem Dorf übernachten?

Die Kachchhis sind für ihr Kunsthandwerk bekannt!

añy koro kam kayota?
ihr was Arbeit macht
Was produziert ihr?

asâñjo ... jo kamkâj ây.
unser ... von Arbeit ist
Wir produzieren ...

va<u>n</u>â<u>t</u>	Weben
chapâî	Textildruck
kuñbhâr kâm	Töpfern
k<u>rs</u>ividhâ	Landwirtschaft

Nichts verstanden?

muke thodî kacchî acetî.
mir wenig Kachchhi kommt
Ich spreche nur wenig Kachchhi.

muke khabar natî pe.
mir Nachricht nicht fällt
Ich verstehe nicht.

âñke gujarâtî / añgreji acetî?
euch Gujarati / Englisch kommt
Sprechen Sie Gujarati / Englisch?

hadâ koike ... acetî?
hier jemand-zu ... kommt
Spricht hier jemand ...?

Zahlen
Die Zahlen auf Kachchhi sind denen auf Gujarati sehr ähnlich.

1	**hakdo**	6	**cha**
2	**bo**	7	**sat**
3	**tre**	8	**ath**
4	**câr**	9	**no**
5	**pañj**	10	**do**

11	**gyâro**	16	**solo**
12	**bâro**	17	**satro**
13	**tero**	18	**athro**
14	**caudo**	19	**unay / ognîs**
15	**pañdro**	20	**vî**

30	**trî**	80	**eñsî**
40	**câlî**	90	**nevu**
50	**pañjâ**	100	**sau**
60	**sâeñth**	200	**bassau**
70	**sîñter**	1000	**hajâr**

Literaturhinweise

Die hier genannten Bücher/Schriften sind nicht über den Reise Know How Verlag erhältlich!

Es gibt außer diesem Büchlein kein Material zu Gujarati auf Deutsch. In Großbritannien und Indien dagegen bekommt man einige recht gute Wörterbücher und ein paar mehr oder weniger brauchbare Lehrwerke. Hier werden allerdings englische Sprachkenntnisse vorausgesetzt.

Empfohlen seien die in Englisch verfassten Werke **Teach Yourself Gujarati** von Rachel Dwyer, erschienen bei *Teach Yourself* in London und **Colloquial Gujarati** von Jagdish Dave, erschienen bei *Routledge* ebenfalls in London.

Das Lehrwerk **Gujarati Self Instructor** von A. T. Shahani, herausgegeben bei *Jeet Publications*, bietet zwar ein einigermaßen gutes Vokabular, dafür aber nur wenige Informationen zur Grammatik.

An Wörterbüchern sei speziell das Standardwerk **Modern English-Gujarati Dictionary** von P. G. Deshpande des *Oxford University Press* Verlages empfohlen.

Gujarati lernen ohne Stress!
Die Kauderwelsch AusspracheTrainer machen die wichtigsten Sätze und Redewendungen des Konversationsteils der Kauderwelsch-Bücher (gekennzeichnet mit 👂) auf Audio-CD hörbar.
Aufbau des Kauderwelsch AusspracheTrainers:
• zuerst wird der deutsche Satz gesprochen,
• dann die Übersetzung in Gujarati.
• Darauf folgt eine Sprechpause, in der der fremdsprachliche Satz nachgesprochen und geübt werden kann.
• Zur Kontrolle folgt abschließend wieder der Satz in Gujarati.
• Kostenpunkt: € 7,90
Reise Know-How Verlag, Bielefeld

Wörterliste Deutsch – Gujarati

Die Wörterlisten enthalten einen Grundwortschatz von ca. 1000 Wörtern. Vokabular, das man in den einzelnen Kapiteln nachschlagen kann, ist hier nicht immer aufgeführt. Weibliche Hauptwörter werden durch (w) und sächliche durch (s) gekennzeichnet. Alle anderen sind männlich. Veränderliche Eigenschäftswörter werden in der sächlichen Form auf -uñ *angegeben.*

A

abbiegen valvuñ
Abend sâñj (w)
Abendessen bhojan (s)
abends sâñje
aber pan
abfahren calâvvuñ, câlvuñ
abfahren ûpadvuñ
Acker khetar (s)
Adresse sarnâmuñ (s), thekânuñ (s)
akzeptieren svîkârvuñ
allein ekluñ
alles badhuñ
alltäglich roj
als (zeitl.) jyâre
also to
alt (Dinge) jûnuñ
Alter umar (w)
Ampel signel [signal]
Andenken yâd (w)
andere bîjuñ
Anfang sharûât (w)
anfangen sharû karvuñ
Angestellter kârkum
Angst darvuñ (s)
Angst haben darvuñ, gabhrâvuñ
anhalten rokvuñ
ankommen pahoñcvuñ
anschauen jovuñ
Antwort javâb
antworten javâb âpvuñ
Anwalt vakîl
Apotheke ausadhâlay, davâkhânuñ (s)
Arbeit kâm (s)
arbeiten kâm karvuñ
Arbeiter majdûr
arbeitslos berojgâr
arm garîb
Arzt doktar [doctor]
Ärztin doktar [doctor]
Atmosphäre (Wetter) vâtâvaran (s)
auch pan
auf jeden Fall! bilkul!
auf -nî upar, par
aufhören thobhvuñ
aufpassen dhyân râkhvuñ
aufrecht ûbhuñ
aufstehen uthvuñ
aufwecken (jmd.) jagâvvuñ
aus -thî
Ausgang bahâr
ausgezeichnet! shabâsh!
Auskunft sûcnâ (w)
Ausland pardesh
Ausländer pardeshî, videshî
ausländisch pardeshî, videshî
ausruhen, sich arâm karvuñ

außerdem uparâñt
Ausspräche uccâr
Ausweis âi di kard [ID card]
Auto gâdî (w), motâr (w)

B

baden nâhvuñ
Badezimmer snânghar (s)
Bahnhof steshan (s)
bald thodâ vakhatmâñj
Bangladesch bâñglâ desh
Bank beñk [bank]
Bargeld kesh [cash]
Batterie baitrî [battery] (w)
bauen banâvvuñ
Bauer khedût
Baum jhâd (s)
Bazar bajâr
Beamter afsar [officer]
Bedeutung arth, matlab
beenden thobhvuñ
begrüßen (jmd.) namaskâr karvuñ
bei -pâse
Bein pag
bekannt mashhûr
bekommen malvuñ
Belgien beljiyam [Belgium]
Belgier/in beljiyan [Belgain]
belgisch beljiyan [Belgain]
Benehmen vartan (s)
benützen upayog karvuñ
Benzin petrol [petrol]
bereit taiyâr
Berg parvat
berühmt mashhûr, prasiddh
beschäftigt (viel zu tun) rokâyeluñ
Beschreibung varnan (s)
Beschwerde phariyâd (w)
beschweren, sich phariyâd karvuñ
besetzt bharcak
besichtigen jovuñ
Besitzer -vâlo
bestellen arder [order] âpvuñ
Besuch mulâkât (w)
betrügen chetarvuñ
Bett pathârî (w)
bevor (zeitl.) pahelañ
bewegen, sich khasvuñ
Bewegung hilcâl (w)
bezahlen paisâ âpvuñ
Beziehung sagâñvahâlâñ (s/Mz)
Bezug: im ~ auf -nî bâbat
Bild citra (s)
billig sastuñ
bis sudhî
bisschen thoduñ
Bitte! maherbânî!
bitten mâgvuñ
Blatt kâgal
bleiben rehevuñ, rokâvuñ
Bleistift peñsil [pencil]
Blume phûl (s)
Blut lohî (s)
Boot hodî (w)
böse sein/werden gusse thavuñ
Botschaft (diplom.) râjdûtâvâs
Brand âg (w)
brauchbar kâmnuñ
brauchen: ich brauche ... mane ... jarûr che
breit paholuñ
brennen balvuñ
Brief patra
Briefmarke tikit [ticket] (s)
Brille casmâ
bringen lâvvuñ
Brot rotlî (w)
Brücke pul
Bruder bhâî
Buch copdî (w)
Bundesstaat (der ind. Union) pradesh
bunt rañgît
Bus bas [bus] (w)
Busbahnhof bas steshan [bus station]
Bushaltestelle bas stend [bus stand], bas stop [bus stop]

C

CD disk [disc]
Chance tak (w)
Chauffeur drâivar [driver]
Chef dukândâr

D

danach -nî pachî, pachî-thî
daneben -pâse
danke! âbhâr!
dann to
darüber -nî upar
dass ke
Datum târîkh (w)
dauern (zeitl.) samay lâgvuñ
davor (räuml.) -nî âgal
Decke kañbal
denken vicâr karvuñ
denn kâran ke
deswegen te mâte
deutsch jarman [German]
Deutsche/r jarman [German]
Deutschland jarmanî [Germany]
Dialekt bolî (w)
dick (Person) jâduñ
Dieb cor
Diebstahl corî (w)
Ding cîj (w), vastû (w)
doch jarâ
Doppelbett dabal bed [double bed]
Doppelzimmer dabal rûm [double room]
Dorf (Ortschaft) gâmduñ (s)
dort tyâñ
dort: von ˜ tyâñ thî
draußen -bahâr, a.: -nî bahâr
dringend: es ist ˜ jarûrî che
drinnen, in -nî añdar
du tame, tuñ
dumm mûrakh
durch -thî
Durchfall jhâdâ (m/Mz)
Durst taras (w)
Durst: ich habe ˜ mane taras lâge che
Dusche shâvar [shower]

E

echt?! acchâ?, are?!
Ehefrau patnî (w)
Ehemann pati
Ei iñduñ (s)
Eile utâval (w)
eilig: ich habe es ˜ mane utâval che
einer (eins) ek
einfach saheluñ
Eingang pravesh
einige koî
einladen (jmd.) âmañtran âpvuñ
einladen bolâvvuñ
Einladung âmañtran (s)
einmal ek vâr
einsteigen añdar âvvuñ, cadvuñ
eintreten añdar javuñ
Einwohner rahivâsî
Einzelzimmer siñgal rûm [single room]
Eis (Speise-) âiskrîm [icecream] (w)
Eisenbahn relve [railway] (w)
Eiswürfel baraf
Elefant/en hathî
Eltern mâbâp
empfangen svâgat karvuñ
Ende añt
Engländer añgrej
englisch añgreji
Entschuldigung! mâph karo!
entwickeln (Film) divelap karne [develop]
er te
Erde jamîn (w)
Erde (Planet) prthvî (w)
Erdöl petrol [petrol]
Erfolg saphaltâ (w)
erfolgreich saphal
erhalten malvuñ
erholen, sich arâm karvuñ
erinnern, sich yâd âvvuñ
Erinnerung yâd (w)

erklären kahevuñ, samjâvvuñ
es te
essen jamvuñ, khâvuñ (khâdho)
Essen khâvânuñ (s), khorâk
etwa lagbhag
etwas koî, thoduñ

F

Fabrik kârkhânuñ
fahren calâvvuñ, câlvuñ
Fahrer drâivar [driver]
Fahrkarte tikit [ticket] (s)
Fahrpreis bhâduñ (s)
falsch khotuñ
Familie kutuñb (s)
fangen pakarvuñ
Farbe rañg
fast lagbhag
Feier utsav
Feierlichkeit tahevâr
feiern ujavnî karvuñ, utsav karvuñ
Feld khetar (s)
Fenster bârî (w)
Ferien rajâ (w)
fern dûr, lâmbuñ
Fernsehgerät tî vî [TV]
Fest utsav
Festival tahevâr
feucht bhînuñ
Feuer âg (w)
Fieber tâv
Film filim (w)
finden malvuñ
Fisch mâchlî (w)
Flasche bâtlî [bottle] (w)
Fleisch mâñs (s), matan [mutton] (s)
fliegen udvuñ
Flughafen havâî mathak (s)
Flugticket tikit [ticket] (s)
Flugzeug vimân (s)
Fluss nadî (w)
Form rûp (s)
Fortschritt pragati (w)
Foto citra (s), photo [photo]
Fotograf fotogrâfer [photographer]
fotografieren photo kâdhvuñ, a.: photo levuñ
Frage (Problem) savâl
Frage prashna (m/s)
fragen mâgvuñ
Frankreich frâns [France]
Franzose/-zösin frenc [French]
französisch frenc [French]
Frau strî (w)
Freiheit svâtantrya (s)
fremd pardeshî
Freude ânañd
Freund mitra
Frieden shâñti (w)
frisch tâjuñ
Früchte phal (s)
früh vheluñ
Frühstück nâsto
fühlen, sich lâgvuñ
Führerschein lâisens [licence]
für -mâte
Fuß pag

G

ganz bilkul
Garten bâg
Gärtner mâlî
Gast mahemân
Gastfreundschaft mahemânnawâzî (w)
Gaststätte restorant [restaurant]
Gebäck rotlî (w)
Gebäude imârat (w)
geben âpvuñ
Gebirge parvat
gebrauchen upayog karvuñ
Gebühr bhâduñ (s)
Geburt janam
Geburtstag janamdivas
gefährlich bhayañkar
Gefängnis turuñg
Gefühl bhâv
gefüllt bhareluñ
gegenseitig arasparas
Gehalt pagâr
gehen (zu Fuß) câlvuñ, pâvle tâkvuñ
gehen javuñ (gayo)

gelangweilt kañṯâḻvuñ
Geld wechseln paisâ badalvuñ
Geld paiso, paisâ
Gelegenheit tak (w)
Gemüse shâk (s)
gemütlich ârâmdeh
genau barâbar
genug! bas!
geöffnet ughâḏuñ
Gepäck sâmân
geradeaus sidhuñ
Geschäft dukân (w)
Geschäftsmann bisnismen [businessman]
Geschichte (Erzähl.) kahâṉî (w), vât (w)
Geschichte (Hist.) itihâs
geschlossen bañdh
Gesellschaft (Firma) kampanî [company] (w)
Gesellschaft samâj
Gesetz shâstra (s)
Gespräch bâbat (w)
gestern kâle, kâl
gesund tañdurust
Gesundheit ârogya (s), tabiyat (w)
Gewalt hiñsâ (w)
Gewicht vajan (s)
gewinnen jitvuñ
Gewohnheit âdat (w)
Gewürz masâlo
gibt es? che?
Glas (Trink-) glâs [glass]
Glück ânañd, sukh (s)
glücklich sukhî
Gold sonuñ (s)
Gott bhagvân, dev, îshvar
Göttin devî (w)
Grammatik vyâkaraṉ
Gras ghâs (s)
Grenze sîmâ (w)
Grippe flyû [flu] (s)
groß moṯuñ
Größe (Kleidg.) kad (s)
Großmutter (mütterl.) nânî (w)
Großmutter (väterl.) dâdîmâ (w)
Großvater (mütterl.) nânâ
Großvater (väterl.) dâdâ
Grund hetu, kâraṉ
grüßen namaskâr karvuñ
gut acchâ, saras, sâruñ, ṯhîk

H

Haar vâḻ
Hälfte ardhuñ
halten pakarvuñ
Hand hâth
Handel vepâr
Händler vepârî
Handtuch ṯuvâl [towel]
hart sakhat
hässlich kadrûpuñ
Hauptstadt râjdhânî (w)
Haus ghar (s)
heftig sakhat
Heirat lagan (s)
heiß garam
heißt: das ~ mâne, matlab
helfen madad karvuñ
Herr sâheb
heute âje, âj
hier ahîñ
Hilfe madad (w)
Himmel âkâsh (s)
hinter pâcaḻ
Hitze garmî (w)
hoch ûñcuñ
hoffen âshâ karvuñ
holen levuñ
Holz lâkḏuñ (s)
hören sâñbhaḻvuñ
Hose pâṯlûn, penṯ [pants]
Hotel hoṯal [hotel] (s)
hübsch suñdar
Hund kutto
Hunger bhûk (w)
Hunger: ich habe ~ mane bhûkh lâge che

I

ich huñ
ihr tame
immer noch hajî
immer hameshâ
in (räuml./zeitl.) -mâñ
Indien bhârat, inḏyâ [India]

indisch bhâratiy
Industrie udyog
Information mâhitî (w)
Ingenieur injîniyar [engineer]
intelligent akkalvâlû
interessant saras
irgend(wer/-was) koî
irgendetwas kaî

J

ja hâ, hâ jî
Jahr varas (s)
Jahreszeit rutu (m/w)
Jahreszeit, heiße unhâlo
Jahreszeit, kalte shiyâlo
jeder/-s dar
jemand koî
jetzt hamnâ, hamnâñ
jetzt gleich have
Journalist jarnalist [journalist]
jung juvân
Junge chokro

K

Kaffee kofî [coffee] (w)
kalt thañduñ
Kälte thañdî (w)
Kaltwasser thañduñ pânî
Kamel uñt (s)
kaputt kharâb
kaputtgehen phâtvuñ
Karte kârd [card]
Käse panîr
kaufen kharîdvuñ
Kind chokruñ (s)
Kino sinemâ [cinema], thietar [theatre] (s)
Kinofilm pikcâr [picture], sinemâ [cinema]
klar (offensichtlich) spast
Klasse (Bus/Zug) varg
Klasse, erste pahelo varg
Klasse, zweite bîjo varg
Kleidung kapdâñ
klein nânuñ
Klopapier toîlit pepar [toilet paper]
Koffer sâmân, sûtkes [suitcase]
komm her! âvo!
kommen âvvuñ
komplett ekdam
kompliziert aghruñ, kathin
können shakvuñ
korrekt barâbar
krank mâñduñ
Krankenhaus ìspîtâl [hospital]
Krankheit mâñdgî (w)
Krieg ladâî (w), yuddh (s)
Küche rasoduñ (s)
Kuh gây (w)
kühl thañduñ
Kühlschrank frij [fridge]
kurz nânuñ
Kuss cuñban (s)
küssen cuñban âpvuñ

L

lachen hâsvuñ
Laden dukân (w)
Ladenbesitzer dukândâr
Laken câdar (w)
Lampe divo
Land (nicht Stadt) jamîn (w)
Land (Staat) desh
Landkarte naksho
lang (Entfernung) dûr, lâmbuñ
langsam dhîme, dhîre
Lärm garbad (w), shor
lassen chodvuñ
laufen dodvuñ
Laune mijâj
laut motuñ
leben rehevuñ
leben (physisch) jîvvuñ
Leben jîvan (s)
ledig kuñvâruñ
leer khâlî
legen mukvuñ
lehren shîkavvuñ
Lehrer adhyâpak
Lehrerin adhyâpikâ (w)
leicht (Gewicht) halkuñ
leise shâñt

leisten, sich (finanz.) posâvuñ
lernen shîkvuñ
lesen vâñcvuñ
letztendlich añte
letzter chelluñ
Leute lok
Licht ajvâluñ (s)
Liebe prem, pyâr (s)
lieben pyâr karvuñ
Lied gît (s)
links von dâbuñ
Literatur sâhitya (s)
Löwe siñh

M

machen banâvvuñ, karvuñ (kelo)
Mädchen chokrî (w)
malen citarvuñ
Mann/Männer puruṣ
Markt bajâr
Markt market [market]
Maus uñdar
Mechaniker mikenik [mechanic]
Medikament auṣadh (s), davâ (w)
Meer dariyo
mehr vadhâre
meinen vicâr karvuñ
Mensch mâṇas
Messer cappu (s)
Miete bhâḍuñ (s)
mieten bhâḍe karvuñ
Milch dûdh (s)
Minute miniṭ [minute] (s)
mit -nî sâthe, -thî
Mittag bapor
Mittagessen upâhâr (s)
mittags bapore
Mitternacht madhrât (w)
modern âdhunik
möglich shakya
Monat mahino
Monsun comâsûñ (s), varsâ (w)
morgen kâle, kâl
Morgen savâr (w/s)
morgens savâre
Moschee masjid (w)
Moslem musalmân
Motor enjin [engine]
Motorrad moṭârsâikil [motorcycle] (w)
müde sein thâkvuñ
Musik sañgît (s)
Musik, klassische (indisch) shâstrîyasañgît (s)
Musikkassette keseṭ ṭeb [cassette tape]
Mutter mâ (w)
Muttersprache matṛubhâṣâ

N

nach (räuml./zeitl.) -nî pachî
Nachbar paḍoshî
nachdem -nî pachî
nachdenken vicâr karvuñ
Nachmittag bapor
nachmittags bapore
Nachricht sañdesho, vârtâ (w)
Nacht rât (w)
nachts râte
nahe najîk, -pâse
Nahrung khorâk
Name nâm (s)
nass bhînuñ
Natur bhâv, kudrat (w)
natürlich! bilkul!, jarûr!
nebenan -ne pâse
nehmen levuñ
nein nâ, nahîñ
Nepal nepâl
neu navuñ
Neuigkeiten samâcâr (m/Mz)
nicht nâ, nahîñ
nichts kaî nahîñ
nichtsdestoweniger chatâñ
Niederlande haleñḍ [Holland]
Niederländer/in ḍac [Dutch]
niederländisch ḍac [Dutch]
niedrig nânuñ
niemals kadî nahîñ
niemand koî nahîñ
nirgends kyâñy nahîñ
noch hajîpaṇ, vadhâre
noch (immer) hajîsudhî
nochmals pharîthî
Norden uttar
nötig jarûrî

notwendig jarûrî
Notwendigkeit jarûr
Nummer âkdo
nun to
nur jarâ, phakta, fakta
nützlich kâmnuñ

O

O.K.! vâru!
ob jo
oben par
Obst phal (s)
obwohl joke
oder athvâ, kâ, ke
offen ughâduñ
offensichtlich spast
öffnen ughadvuñ
oft ghanî vâr
ohne -nâ vagar, sivây
Öl tel (s)
Ordnung: in ~! vâru!
Ort sthân (s)
Osten pûrva
Österreich âstriyâ [Austria]
Österreicher/in âstriyan [Austrian]
österreichisch âstriyan [Austrian]

P

paar (einige) koî
Päckchen pârsal [parcel]
Paket dâgîno, pârsal [parcel]
Papier kâgal
Paradies svarg (s)
Park bâg
Pass pâsport [passport]
Passagier pravâsî, utâru
Person mânas
Planet graha
Platz jagyâ (w), sthân (s)
Politik râjkâran (s)
Polizei polîs [police] (w)
Post tapâl (w)
Postamt tapâl kacerî
Postkarte postkârd [postcard]
Preis kiñmat (w)
Preisnachlass diskâuñt [discount], valtar (s)
probieren ajmâvvuñ
Problem samasyâ (w), savâl
Programm kâryakram
pünktlich vakhatsar

Q

Quittung bil [bill]

R

Radio(gerät) redyo [radio]
Ratschlag salâh (w)
rauchen dhûmrapân karvuñ
rausgehen chodvuñ
Rechnung bil [bill]
Recht shâstra (s)
rechts von jamnuñ
reden bâbat karvuñ
Regen varsâd
Regenschirm chatrî (w)
Regenzeit comâsûñ (s), varsâ (w)
regnen: es regnet varsâd pade che
reich amîr
Reise musâfarî (w), pravâs
Reisender pravâsî
Reisepass pâsport [passport]
Reiseschecks traivalars cek [travellers' cheque]
Religion dharma, dharam
rennen dodvuñ
reparieren durastî karvuñ, fiks [fix] karvuñ
reservieren buking [booking] karvuñ
Reservierung buking [booking], riserf [reserve]
Restaurant hotal [hotel] (s), restorant [restaurant]
richtig are
Richtung bâju (w), dishâ (w)

riechen suñghvuñ
Rikscha (Motor-/ Fahrrad-) rikshâ (w)
roh kâcuñ
rufen bolâvvuñ
Ruhe ârâm

S

Sache cîj (w), vastû (w)
sagen kahevuñ
Salbe malam
Sandalen cappal
sauber sâph
sauber machen sâph karvuñ
sauer khatuñ
Schallplatte disk [disc]
scharf masâledâr, tîkhuñ
schicken mokalvuñ
Schiff hodî (w)
schlafen suvuñ, uñghvuñ
Schlafzimmer bed rûm [bedroom]
schlagen mârvuñ
schlau akkalvâlû, hoshiyâr
schlecht kharâb
schließen bañdh karvuñ
Schlüssel câvî (w)
schmackhaft svâdist
Schmerz dard (s), darad (s), dukh (s)
Schmuckstück dâgîno
schmutzig gañduñ
schneiden kâpvuñ
schnell jaldî, jhat, tarat
Schokolade câklet [chocolate]
schön (Personen) suñdar
schon chatâñ, hajî
Schönheit rûp (s)
Schrank kapât [cupboard] (s)
schreiben lakhvuñ
Schuh jodo
Schule nishâl (w)
Schweiz svitzarlaiñd [Switzerland]
Schweizer/in svis [Swiss]
schweizerisch svis [Swiss]
schwer bhâre
Schwester bahen (w)
schwierig aghruñ, kathin
Schwierigkeit adcan (w)
schwimmen tarvuñ
See (der) sarovar (s)
See (die) dariyo
Seele âtmâ
sehen jovuñ
sehr bhâre
Seide resham
Seife sâbu (s)
Sein bhâv
sein hovuñ
Seite bâju (w), dishâ (w)
Sekunde sekoñd [second] (s)
selbst pote
selbstverständlich! jarûr!
selten durlabh
senden mokalvuñ
setzen, sich besvuñ
sicher salâmat
sie (Ez) te
sie (Mz) teo
Sie tame
Silber câñdî (w), rûpuñ (s)
singen gâvuñ
sinnvoll kâmnuñ
sitzen besvuñ
Sitzplatz jagyâ (w), sît [seat] (w)
so (viel) âtluñ
so em, evuñ
sofort tarat
Sohn dîkro
Sommer unhâlo
Sonne sûraj, sûrya
spät: zu ~ moduñ
Speise khâvânuñ (s)
Speisekarte menyû [menu]
Speiseöl tel (s)
speziell khâs
Spiegel ariso
Spiel khel
spielen ramvuñ
Sprache bhâsâ (w), bolî (w)
sprechen bolvuñ
Sprichwort kahevat (w)
Spritze pickârî (w)

Staatsangehörigkeit râstrîyatva (s)
Stadt gâm (s), nagar (s), shaher (s)
Stadtzentrum market [market]
stehend ûbhuñ
stehlen corvuñ
Stein pathro
Stelle sthân (s)
stellen mukvuñ
sterben marvuñ
Stern târâ (w)
Stift kalam (w)
Stimme avâj
Stimmung mijâj
Stoff kapduñ (s)
stoppen thobhvuñ
Sträßchen galî (w)
Straße rasto
Streichhölzer mâcis [matches] (w)
Strom vîjlî (w)
Student vidyârthî
Studentin vidyârthinî
studieren bhanvuñ
Stuhl khurshî (w)
Stunde kalâk
Süden dakshin
süß galyuñ

T

Tabak tamâku (w)
Tag divas
täglich roj
Tal khîn (w)
Tankstelle petrol pañp [petrol pump]
tanzen nâcvuñ
Tasche pars [purse], beg [bag]
Tasse pyâlo
tatsächlich acchâ
Taxi teksî [taxi] (w)
Tee câ (w)
Teil bhâg
Telefon phon [phone]
telefonieren phon karvuñ
teuer kharcâl, moñghuñ
Theater thietar [theatre] (s)
Tier jânvar (s)
Tipp salâh (w)
Tisch tebal [table] (s)
Tochter dikrî (w)
Tod mot (s)
töten mârvuñ
Tourist pravâsî
traurig udâs
trinken pîvuñ (pîdho)
trocken sukâvuñ
Tuch tuvâl [towel]
tun banâvvuñ, karvuñ (kelo)
Tür darvâjo
Tüte (Tasche) beg [bag]

U

über -nî bâbat, -nî upar
übermorgen âvtî kâl pachî
übersetzen anuvâd karvuñ
Übung abhyâs
Uhr ghadiyâl (w)
umtauschen badalvuñ
unbesetzt khâlî
und ane
und so weiter vagere
Unfall akasmât
ungefähr lagbhag
Universität vidyâpîth (s)
unmöglich ashakya
unten/unter nîce
unterrichten shîkavvuñ
unterschreiben sahî karvuñ
Unterschrift sahî (w)
unverheiratet kuñvâruñ
Urlaub rajâ (w)

V

Vater bâp, a.: bâpujî, pitâ, bâpâ
Ventilator pañkho
Verabredung mulâkât (w)
Veränderung pharak
verboten bañdh
vergessen bhûlvuñ
verkaufen vecvuñ
verlangen mâgvuñ
verlassen chodvuñ
verlieren (Spiel) cûkvuñ
verreisen pravâs

karvuñ
verrückt pâgal
verschieden juduñ
Versicherung inshurens [insurance], vîmo
Versprechen vacan (s)
versprechen vacan âpvuñ
verstehen samajvuñ, samaj padvuñ
versuchen ajmâvvuñ
viel ghanuñ
vielleicht kadâc
Vogel pañkhî (s)
Volk janatâ (w)
voll bharcak, bhareluñ, pûruñ
von (Besitz) -nuñ
von -thî
von hier ahîñ-thî
vor (zeitl.) pahelañ
vor (räuml.) -nî âgal
vorbereiten taiyâr karvuñ
vorgestern gaî kâle, param divse
vorsichtig sein dhyân râkhvuñ

W

Wagen koc [coach]
wahr are, kharuñ
während darmiyân, jyâre
wahrhaftig kharekar
wann? kyâre?
warm garam
Warmwasser garam pânî
warten râh jovvuñ
warum? shâ mâte?
was? shuñ?
waschen dhovuñ, sâph karvuñ
Wäscher dhobî
Wasser pânî (s)
wechseln badalvuñ
Weg rasto
weggehen câlvuñ, mukvuñ
weil kâran, kâran ke
weiß saphed
weiß (Haut) goruñ
weit dûr, lâmbuñ
welche/s/r? kayuñ? (w: kaî?)
wenig kam, thoduñ
wenig, ein jarâ
wenig: ein klein ~ thoduñghanuñ
wenn (als) jyâre
wenn (falls) agar, jo
wer? kon?
werden thavuñ
Wert kiñmat (w)
Westen pashcim
Wetter havâ (s), vâtâvaran (s)
wichtig jarûrî, mahattvapûrna
wie viel/e? ketluñ?
wie (so wie) jevuñ
wie? kem?, kevuñ?
wieder pharîthî
willkommen! âvkâr!
willkommen heißen svâgat karvuñ
Wind havâ (s)
Winter shiyâlo
wir ame
wirklich kharekar
wirklich?! acchâ?
Wissen khabar (w)
wissen jânvuñ
wissen: ich weiß mane khabar che
Witz majâk (w)
wo/hin? kyâñ?
Woche athvâdiyuñ (s)
woher? kyâñ thî?
wohnen rehevuñ
Wolke vâdal (s)
wollen joîe
wollen: ich will mane ... joîe che
Wort shabda
wunderbar adbhut
wünschen mâgvuñ

Z

zahlen paisâ âpvuñ
Zahn dâñt
Zahnarzt dentist [dentist]
Zahnbürste tûthbrash [toothbrush]
zeigen dekhâdvuñ
Zeit samay, vakhat
Zeitung châpuñ (s)
Zelt tañbû

Zigarette sigâret [cigarette] (w)
Zimmer ordo, rûm [room]
Zoll kastam [customs] (s)
zu spät moduñ
Zug âggâdî (w), relgâdî (w), tren [train] (w)
zurück vâpas
zurückgehen vâpas javuñ
zusammen -nî sâthe
zusammen: alles ˜ ekdam
zusätzlich uparâñt
zweifellos beshak
zwischen (zeitl./ örtl.) vacce

Wörterliste Gujarati – Deutsch

A

âbhâr! danke!
abhyâs Übung
acchâ gut, tatsächlich, wirklich?!, echt?!
âdat (w) Gewohnheit
adbhut wunderbar
adcan (w) Schwierigkeit
âdhunik modern
adhyâpak Lehrer
adhyâpikâ (w) Lehrerin
afsar [officer] Beamter
âg (w) Feuer, Brand
agar wenn (falls)
âggâdî (w) Zug
aghruñ kompliziert, schwierig
ahîñ hier
ahîñ-thî von hier
âi di kard [ID card] Ausweis
âiskrîm [icecream] (w) Eis (Speise-)
âje, a.: **âj** heute
ajmâvvuñ probieren, versuchen
ajvâluñ (s) Licht
âkâsh (s) Himmel
akasmât Unfall
âkdo Nummer
akkalvâlû intelligent, schlau
âmañtran (s) Einladung
âmañtran âpvuñ jmd. einladen
ame wir
amîr reich
ânañd Freude, Glück
añdar âvvuñ einsteigen
añdar javuñ eintreten
ane und
añgrej Engländer
añgreji englisch
añt Ende
añte letztendlich
anuvâd karvuñ übersetzen
âpvuñ geben
ârâm Ruhe
arâm karvuñ sich erholen/ausruhen
ârâmdeh gemütlich
arasparas gegenseitig
arder [order] **âpvuñ** bestellen
ardhuñ Hälfte
are richtig, wahr
are?! echt?!
ariso Spiegel
ârogya (s) Gesundheit
arth Bedeutung
âshâ karvuñ hoffen
ashakya unmöglich
âstriyâ [Austria] Österreich
âstriyan [Austrian] österreichisch, Österreicher/in
athvâ oder
athvâdiyuñ (s) Woche
âtluñ so (viel)
âtmâ Seele

ausadh (s) Medikament

ausadhâlay Apotheke

avâj Stimme

âvkâr! willkommen!

âvo! komm her!

âvtî kâl pachî übermorgen

âvvuñ kommen

B

bâbat (w) Gespräch

bâbat karvuñ reden

badalvuñ wechseln, umtauschen

badhuñ alles

bâg Garten, Park

bahâr Ausgang

-bahâr draußen

bahen (w) Schwester

baitrî [battery] (w) Batterie

bajâr Markt, Bazar

bâju (w) Seite, Richtung

balvuñ brennen

banâvvuñ tun, machen, bauen

bañdh geschlossen, a.: verboten

bañdh karvuñ schließen

bâñglâ desh Bangladesch

bâp, a.: **bâpujî** Vater

bâpâ Vater, Vati

bapor Mittag, Nachmittag

bapore mittags, nachmittags

barâbar genau, korrekt

baraf Eiswürfel

bârî (w) Fenster

bas [bus] (w) Bus

bas stend [bus stand] Bushaltestelle

bas steshan [bus station] Busbahnhof

bas stop [bus stop] Bushaltestelle

bas! genug!

bâtlî [bottle] (w) Flasche

bed rûm [bedroom] Schlafzimmer

beg [bag] Tasche, Tüte

beljiyam [Belgium] Belgien

beljiyan [Belgain] belgisch, Belgier/in

beñk [bank] Bank

berojgâr arbeitslos

beshak zweifellos

besvuñ sitzen, sich setzen

bhâde karvuñ mieten

bhâduñ (s) Gebühr, Fahrpreis, Miete

bhâg Teil

bhagvân Gott

bhâî Bruder

bhanvuñ studieren

bhârat Indien

bhâratiy indisch

bharcak voll, besetzt

bhâre schwer (Gewicht), a.: sehr

bhareluñ voll, gefüllt

bhâsâ (w) Sprache

bhâv Gefühl, Sein, Natur

bhayañkar gefährlich

bhînuñ feucht, nass

bhojan (s) Abendessen

bhûk (w) Hunger; **mane bhûkh lâge che** ich habe Hunger

bhûlvuñ vergessen

bîjo varg zweite Klasse

bîjuñ andere

bil [bill] Rechnung, Quittung

bilkul ganz

bilkul! natürlich!, auf jeden Fall!

bisnismen [businessman] Geschäftsmann

bolâvvuñ rufen, einladen

bolî (w) Sprache, Dialekt

bolvuñ sprechen

buking [booking] Reservierung

buking [booking] **karvuñ** reservieren

C

câ (w) Tee

câdar (w) Laken

cadvuñ einsteigen

câklet [chocolate] Schokolade
calâvvuñ fahren, abfahren
câlo! los!
câlvuñ gehen, fahren, weggehen, abfahren, zu Fuß gehen
cãñdî (w) Silber
cappal Sandalen
cappu (s) Messer
casmâ Brille
câvî (w) Schlüssel
châpuñ (s) Zeitung
chatâñ schon, nichtsdestoweniger
chatrî (w) Regenschirm
che? gibt es?
chelluñ letzter
chetarvuñ betrügen
chodvuñ lassen, rausgehen, verlassen
chokrî (w) Mädchen
chokro Junge
chokruñ (s) Kind
cîj (w) Ding, Sache
citarvuñ malen
citra (s) Bild, Foto
comâsûñ (s) Regenzeit, Monsun
copdî (w) Buch
cor Dieb
corî (w) Diebstahl
corvuñ stehlen
cûkvuñ verlieren (Spiel)
cuñban (s) Kuss
cuñban âpvuñ küssen

D

dabal bed [double bed] Doppelbett
dabal rûm [double room] Doppelzimmer
dâbuñ links von
dac [Dutch] niederländisch, Niederländer/in
dâdâ Großvater (väterl.)
dâdîmâ (w) Großmutter (väterl.)
dâgîno Paket, Schmuckstück
dakshin Süden
dâñt Zahn
dar jedes, jeder
dard (s), a.: **darad** (s) Schmerz
dariyo See (die), Meer
darmiyân während
darvâjo Tür
darvuñ (s) Angst, a.: Angst haben vor
davâ (w) Medikament
davâkhânuñ (s) Apotheke
dekhâdvuñ zeigen
dentist [dentist] Zahnarzt
desh Land (Staat)
dev Gott
devî (w) Göttin
dharma, a.: **dharam** Religion
dhîme, a.: **dhîre** langsam
dhobî Wäscher
dhovuñ waschen
dhûmrapân karvuñ rauchen
dhyân râkhvuñ aufpassen, vorsichtig sein
dikrî (w) Tochter
dîkro Sohn
dishâ (w) Seite, Richtung
disk [disc] Schallplatte, a.: CD
diskâuñt [discount] Preisnachlass
divas Tag
divelap karne [develop] entwickeln (Film)
divo Lampe
dodvuñ laufen, rennen
doktar [doctor] Arzt, Ärztin
drâivar [driver] Chauffeur, Fahrer
dûdh (s) Milch
dukân (w) Laden, Geschäft
dukândâr Chef, Ladenbesitzer
dukh (s) Schmerz
dûr fern, weit, lang (Entfernung)
durastî karvuñ reparieren
durlabh selten

E

ek einer
ek vâr einmal
ekdam komplett, alles zusammen
ek<u>l</u>uñ allein
em, a.: **evuñ** so
enjin [engine] Motor

F

fiks [fix] **karvuñ** reparieren
filim (w) Film
flyû [flu] (s) Grippe
fo<u>t</u>ogrâfer [photographer] Fotograf
frâns [France] Frankreich
frenc [French] französisch, Franzose, Französin
frij [fridge] Kühlschrank

G

gabhrâvuñ Angst haben
gâ<u>d</u>î (w) Auto
gaî kâle vorgestern
galî (w) Sträßchen
ga<u>l</u>yuñ süß
gâm (s) Stadt
gâm<u>d</u>uñ (s) Dorf (Ortschaft)
gañduñ schmutzig
garam warm, heiß
garam pâ<u>n</u>î Warmwasser
garba<u>d</u> (w) Lärm
garîb arm
garmî (w) Hitze
gâvuñ singen
gây (w) Kuh
gha<u>d</u>iyâ<u>l</u> (w) Uhr
gha<u>n</u>î vâr oft
gha<u>n</u>uñ viel
ghar (s) Haus
ghâs (s) Gras
gît (s) Lied
glâs [glass] Glas (Trink-)
goruñ weiß (Haut)
graha Planet
gusse thavuñ böse sein/werden

H

hâ, a.: **hâ jî** ja
hajî immer noch, schon
hajîpa<u>n</u> noch
hajîsudhî (immer) noch
haleñ<u>d</u> [Holland] Niederlande
halkuñ leicht (Gewicht)
hameshâ immer
ham<u>n</u>â, a.: **ham<u>n</u>âñ** jetzt
hâsvuñ lachen
hâth Hand
hathî Elefant(en)
havâ (s) Wetter, a.: Wind
havâî mathak (s) Flughafen
have jetzt gleich
hetu Grund
hilcâl (w) Bewegung
hiñsâ (w) Gewalt
ho<u>d</u>î (w) Boot, Schiff
hoshiyâr clever, schlau
ho<u>t</u>al [hotel] (s) Hotel, Restaurant
hovuñ sein
huñ ich

I

imârat (w) Gebäude
iñ<u>d</u>uñ (s) Ei
in<u>d</u>yâ [India] Indien
injîniyar [engineer] Ingenieur
inshurens [insurance] Versicherung
îshvar Gott
îspîtâl [hospital] Krankenhaus
itihâs Geschichte (Hist.)

J

jâ<u>d</u>uñ dick (Person)
jagâvvuñ jemanden aufwecken
jagyâ (w) Platz, a.: Sitzplatz
jaldî schnell
jamîn (w) Erde, Land (nicht Stadt)

jamnuñ rechts von
jamvuñ essen
janam Geburt
janamdivas Geburtstag
janatâ (w) Volk
jânvar (s) Tier
jânvuñ wissen
jarâ ein wenig, doch, nur
jarman [German] deutsch, Deutsche/r
jarmanî [Germany] Deutschland
jarnalist [journalist] Journalist
jarûr! natürlich!, selbstverständlich!
jarûr, mane ... jarûr che Notwendigkeit, ich brauche ...
jarûrî wichtig, nötig, notwendig
jarûrî che es ist dringend
javâb Antwort
javâb âpvuñ antworten
javuñ (**gayo**) gehen
jevuñ wie, so wie
jhâd (s) Baum
jhâdâ (m/Mz) Durchfall
jhat schnell
jitvuñ gewinnen
jîvan (s) Leben
jîvvuñ leben (physisch)
jo ob, wenn (falls)
jodo Schuh
joîe wollen; **mane ... joîe che** ich will ...
joke obwohl
jovuñ anschauen, besichtigen, sehen
juduñ verschieden
jûnuñ alt (Dinge)
juvân jung
jyâre als (zeitl.), wenn (als), während

K

kâ oder
kâcuñ roh
kad (s) Größe (Kleidg.)
kadâc vielleicht
kadî nahîñ niemals
kadrûpuñ hässlich
kâgal Blatt, Papier
kahânî (w) Geschichte (Erzähl.)
kahevat (w) Sprichwort
kahevuñ sagen, erklären
kaî irgendetwas
kaî nahîñ nichts
kâkâ Onkel (väterl.)
kâkî (w) Tante (väterl.)
kalâk Stunde
kalam (w) Stift
kâle, a.: kâl gestern, a.: morgen
kam wenig
kâm (s) Arbeit
kâm karvuñ arbeiten
kâmnuñ brauchbar, sinnvoll, nützlich
kampanî [company] (w) Gesellschaft (Firma)
kañbal Decke
kañtâlvuñ gelangweilt
kapât [cupboard] (s) Schrank
kapdâñ Kleidung
kapduñ (s) Stoff
kâpvuñ schneiden
kâran weil, Grund
kâran ke denn, weil
kârd [card] Karte
kârkhânuñ Fabrik
kârkum Angestellter
karvuñ (**kelo**) tun, machen
kâryakram Programm
kastam [customs] (s) Zoll
kathin kompliziert, schwierig
kayuñ? (w: **kaî?**) welche/s/r?
ke dass, oder
kem? wie?
keset teb [cassette tape] Musikkassette
kesh [cash] Bargeld
ketluñ? wie viel?, wie viele?
kevuñ? wie?
khabar (w) Wissen; **mane khabar che** ich weiß
khâlî leer, unbesetzt
kharâb kaputt, schlecht
kharcâl teuer
kharekar wahrhaftig, wirklich

kharîdvuñ kaufen
kharuñ wahr
khâs speziell
khasvuñ sich bewegen
khatuñ sauer
khâvânuñ (s) Essen, Speise
khâvuñ (**khâdho**) essen
khedût Bauer
khel Spiel
khetar (s) Feld, Acker
khîn (w) Tal
khorâk Essen, Nahrung
khotuñ falsch
khurshî (w) Stuhl
kiñmat (w) Preis, Wert
koc [coach] Wagen
kofî [coffee] (w) Kaffee
koî irgend(wer/-was), jemand, einige, etwas, ein paar
koî nahîñ niemand
kon? wer?
kudrat (w) Natur
kuñvâruñ ledig, unverheiratet
kutto Hund
kutuñb (s) Familie
kyâñ thî? woher?
kyâñ? wo?, wohin?
kyâñy nahîñ nirgends, nirgendwo
kyâre? wann?

L

ladâî (w) Krieg
lagan (s) Heirat
lagbhag etwa, fast, ungefähr
lâgvuñ sich fühlen
lâisens [licence] Führerschein
lâkduñ (s) Holz
lakhvuñ schreiben
lâmbuñ fern, weit, lang (Entfernung)
lâvvuñ bringen
levuñ holen, nehmen
lohî (s) Blut
lok Leute

M

mâ (w) Mutter
mâbâp Eltern
mâchlî (w) Fisch
mâcis [matches] (w) Streichhölzer
madad (w) Hilfe
madad karvuñ helfen
madhrât (w) Mitternacht
mâgvuñ fragen, bitten, verlangen, wünschen
mahattvapûrna wichtig
mahemân Gast
mahemânnawâzî (w) Gastfreundschaft
maherbânî! Bitte!
mahino Monat
mâhitî (w) Information
majâk (w) Witz
majdûr Arbeiter
malam Salbe
mâlî Gärtner
malvuñ bekommen, erhalten, finden
mâmâ Onkel (mütterl.)
mâmî (w), **mâsî** (w) Tante (mütterl.)
-mâñ in (räuml./zeitl.)
mânas Mensch, Person
mâñdgî (w) Krankheit
mâñduñ krank
mâne das heißt
mâñs (s) Fleisch
mâph karo! Entschuldigung!
market [market] Markt, a.: Stadtzentrum
marvuñ sterben
mârvuñ schlagen, töten
masâledâr scharf
masâlo Gewürz
mashhûr bekannt, berühmt
masjid (w) Moschee
matan [mutton] (s) Fleisch
-mâte für
matlab Bedeutung, das heißt
matrubhâsâ Muttersprache
menyû [menu] Speisekarte

mijâj Laune, Stimmung
mikenik [mechanic] Mechaniker
minit [minute] (s) Minute
mitra Freund
moduñ zu spät
mokalvuñ schicken, senden
moñghuñ teuer
mot (s) Tod
motâr (w) Auto
motârsâikil [motorcycle] (w) Motorrad
motuñ groß, laut
mukvuñ setzen, legen, stellen, weggehen
mulâkât (w) Besuch, Verabredung
mûrakh dumm
musâfarî (w) Reise
musalmân Moslem

N

nâ, a.: **nahîñ** nein, nicht
-**nâ vagar** ohne
nâcvuñ tanzen
nadî (w) Fluss
nagar (s) Stadt
nâhvuñ baden
najîk nahe
naksho Landkarte
nâm (s) Name
namaskâr karvuñ grüßen, begrüßen (jmd.)
nânâ Großvater (mütterl.)
nânî (w) Großmutter (mütterl.)
nânuñ klein, kurz, niedrig
nâsto Frühstück
navuñ neu
nepâl Nepal
-**ne pâse** nebenan
-**nî âgal** vor, davor (räuml.)
-**nî añdar** drinnen, in
-**nî bâbat** über, im Bezug auf
-**nî bahâr** draußen
-**nî pachî** danach, nach (räuml./zeitl.), nachdem
-**nî sâthe** mit, zusammen
-**nî upar** auf, über, darüber
nîce unter, unten
nishâl (w) Schule
-**nuñ** von (Besitz)

O

ordo Zimmer

P

pâcal hinter
pachî-thî danach
padoshî Nachbar
pag Fuß, a.: Bein
pâgal verrückt
pagâr Gehalt
pahelañ vor, bevor (zeitl.)
pahelo varg erste Klasse (Bus/Zug)
paholuñ breit
pahoñcvuñ ankommen
paisâ âpvuñ bezahlen, zahlen
paisâ badalvuñ Geld wechseln
paiso, a.: **paisâ** Geld
pakarvuñ fangen, halten
pan auch, aber
pânî (s) Wasser
panîr Käse
pañkhî (s) Vogel
pañkho Ventilator
par auf, oben
param divse vorgestern
pardesh Ausland
pardeshî fremd, ausländisch, Ausländer
pars [purse] Tasche
pârsal [parcel] Päckchen, Paket
parvat Berg, Gebirge
-**pâse** daneben, bei, nahe
pashcim Westen
pâsport [passport] Pass, Reisepass
pathârî (w) Bett

pathro Stein
pati Ehemann
pâṯlûn Hose
patnî (w) Ehefrau
patra Brief
pâvle ṯâkvuñ zu Fuß gehen
peñsil [pencil] Bleistift
penṯ [pants] Hose
peṯrol [petrol] Benzin, Erdöl
peṯrol pañp [petrol pump] Tankstelle
phakta, a.: **fakta** nur
phaḻ (s) Früchte, Obst
pharak Veränderung
pharîthî wieder, nochmals
phariyâd (w) Beschwerde
phariyâd karvuñ sich beschweren
phâṯvuñ kaputtgehen
phon [phone] Telefon
phon karvuñ telefonieren
phoṯo [photo] Foto
phoṯo kâḏhvuñ, a.: **phoṯo levuñ** fotografieren
phûl (s) Blume
pickârî (w) Spritze
pikcâr [picture] Kinofilm
pitâ Vater
pîvuñ (**pîdho**) trinken
polîs [police] (w) Polizei
posâvuñ sich leisten (finanz.)
posṯkârḏ [postcard] Postkarte
pote selbst
pradesh Bundesstaat (der indischen Union)
pragati (w) Fortschritt
prashna (m/s) Frage
prasiddh berühmt
pravâs Reise
pravâs karvuñ verreisen
pravâsî Passagier, Reisender, Tourist
pravesh Eingang
prem Liebe
pṟthvî (w) Erde (Planet)
pul Brücke
pûruñ voll
puruṣ Mann, Männer
pûrva Osten
pyâlo Tasse
pyâr (s) Liebe
pyâr karvuñ lieben

R

râh jovvuñ warten
rahivâsî Einwohner
rajâ (w) Ferien, Urlaub
râjdhânî (w) Hauptstadt
râjdûtâvâs Botschaft (diplomatisch)
râjkâraṉ (s) Politik
ramvuñ spielen
rañg Farbe
rañgît bunt
rasoduñ (s) Küche
rasto Straße, Weg
râṣṯrîyatva (s) Staatsangehörigkeit
rât (w) Nacht
râte nachts
reḏyo [radio] Radio(gerät)
rehevuñ leben, wohnen, bleiben
relgâḏî (w) Zug
relve [railway] (w) Eisenbahn
resham Seide
resṯoranṯ [restaurant] Restaurant
rikshâ (w), Rikscha (Motor-/Fahrrad-)
riserf [reserve] Reservierung
roj jeden Tag, alltäglich
rokâvuñ bleiben
rokâyeluñ beschäftigt, viel zu tun
rokvuñ anhalten
roṯlî (w) Brot, Gebäck
rûm [room] Zimmer
rûp (s) Form, Schönheit
rûpuñ (s) Silber
ṟutu (m/w) Jahreszeit

S

sâbu (s) Seife
sagâñvahâlâñ (s/Mz) Beziehung
sâheb Herr
saheluñ einfach, leicht (Aufgabe)

sahî (w) Unterschrift
sahî karvuñ unterschreiben
sâhitya (s) Literatur
sakhat hart, heftig
salâh (w) Ratschlag, Tipp
salâmat sicher
samâcâr (m/Mz) Neuigkeiten
samâj Gesellschaft
samajvuñ, a.: **samaj paḏvuñ** verstehen
sâmân Koffer, Gepäck
samasyâ (w) Problem
samay Zeit
samay lâgvuñ dauern (zeitl.)
samjâvvuñ erklären
sâñbhaḻvuñ hören
sañdesho Nachricht
sañgît (s) Musik
sâñj (w) Abend
sâñje abends
sâph sauber
sâph karvuñ waschen, sauber machen
saphal erfolgreich
saphaḻtâ (w) Erfolg
saphed weiß
saras interessant, gut
sarnâmuñ (s) Adresse
sarovar (s) See (der)
sâruñ gut
sastuñ billig
savâl Problem, Frage
savâr (w/s) Morgen
savâre morgens
sekoñḏ [second] (s) Sekunde
shâ mâṯe? warum?
shabâsh! ausgezeichnet!
shabda Wort
shaher (s) Stadt
shâk (s) Gemüse
shakvuñ können
shakya möglich
shâñt leise
shâñti (w) Frieden
sharû karvuñ anfangen
sharûât (w) Anfang
shâstra (s) Gesetz, Recht
shâstrîyasañgît (s) ind. klassische Musik
shâvar [shower] Dusche
shîkavvuñ unterrichten, lehren
shîkvuñ lernen
shiyâḻo kalte Jahreszeit, Winter
shor Lärm
shuñ? was?
sidhuñ geradeaus
sigâreṯ [cigarette] (w) Zigarette
signel [signal] Ampel
sîmâ (w) Grenze
sinemâ [cinema] Kino, Kinofilm
siñgal rûm [single room] Einzelzimmer
siñh Löwe
sîṯ [seat] (w) Sitzplatz
sivây ohne
snânghar (s) Badezimmer
sonuñ (s) Gold
spaṣṯ klar, offensichtlich
sṯeshan (s) Bahnhof
sthân (s) Stelle, Ort, Platz
strî (w) Frau
sûcnâ (w) Auskunft
sudhî bis
sukâvuñ trocken
sukh (s) Glück
sukhî glücklich
suñdar hübsch, schön (Personen)
suñghvuñ riechen
sûraj, a.: **sûrya** Sonne
sûṯkes [suitcase] Koffer
suvuñ schlafen
svâdiṣṯ schmackhaft
svâgat karvuñ empfangen, willkommen heißen
svarg (s) Paradies
svâtantrya (s) Freiheit
svîkârvuñ akzeptieren
svis [Swiss] schweizerisch, Schweizer/in
sviṯzarlaiñḏ [Switzerland] Schweiz

T

tabiyat (w) Gesundheit
tahevâr Feierlichkeit, Festival

taiyâr bereit
taiyâr karvuñ vorbereiten
tâjuñ frisch
tak (w) Gelegenheit, Chance
tamâku (w) Tabak
tame du, ihr, Sie
tañbû Zelt
tañdurust gesund
tapâl (w) Post
tapâl kacerî Postamt
târâ (w) Stern
taras (w) Durst; **mane taras lâge che** ich habe Durst
tarat schnell, sofort
târîkh (w) Datum
tarvuñ schwimmen
tâv Fieber
te er, sie, es
te mâte deswegen, aus diesem Grund
tebal [table] (s) Tisch
teksî [taxi] (w) Taxi
tel (s) Öl, Speiseöl
teo sie (Mz)
thâkvuñ müde sein
thañdî (w) Kälte
thañduñ kalt, kühl
thañduñ pânî Kaltwasser
thavuñ werden
thekânuñ (s) Adresse
-thî von, mit, aus, durch
thietar [theatre] (s) Theater, Kino
thîk gut
thobhvuñ stoppen, aufhören, beenden
thodâ vakhatmâñj in kurzer Zeit, bald
thoduñ bisschen, etwas, wenig
thoduñghanuñ ein klein wenig
tî vî [TV] Fernsehgerät
tîkhuñ scharf
tikit [ticket] (s) Ticket, Fahrkarte, Flugticket, Briefmarke
to also, dann, nun
toîlit pepar [toilet paper] Klopapier
traivalars cek [travellers' cheque] Reiseschecks
tren [train] (w) Zug
tuñ du
turuñg Gefängnis
tûthbrash [toothbrush] Zahnbürste
tuvâl [towel] Handtuch, Tuch
tyâñ dort
tyâñ thî von dort

U

ûbhuñ stehend, aufrecht
uccâr Aussprache
udâs traurig
udvuñ fliegen
udyog Industrie
ughâduñ geöffnet, offen
ughadvuñ öffnen
ujavnî karvuñ feiern
umar (w) Alter
ûñcuñ hoch
uñdar Maus
uñghvuñ schlafen
unhâlo heiße Jahreszeit, Sommer
uñt (s) Kamel
ûpadvuñ abfahren
upâhâr (s) Mittagessen
uparâñt außerdem, zusätzlich
upayog karvuñ benützen, gebrauchen
utâru Passagier
utâval (w) Eile; **mane utâval che** ich habe es eilig
uthvuñ aufstehen
utsav Fest, Feier
utsav karvuñ feiern
uttar Norden

V

vacan (s) Versprechen
vacan âpvuñ versprechen
vacce zwischen, in (zeitl./ örtl.)
vâdal (s) Wolke
vadhâre mehr, noch
vagere und so weiter
vajan (s) Gewicht
vakhat Zeit
vakhatsar pünktlich

vakîl Anwalt
vâl Haar
-vâlo Besitzer
valtar (s) Preisnachlass
valvuñ abbiegen
vâñcvuñ lesen
vâpas zurück
vâpas javuñ zurückgehen
varas (s) Jahr
varg Klasse (Bus/Zug)
varnan (s) Beschreibung
varsâ (w) Regenzeit, Monsun
varsâd Regen
varsâd pade che regnen, es regnet
vârtâ (w) Nachricht
vartan (s) Benehmen
vâru! O.K.!, in Ordnung!
vastû (w) Ding, Sache
vât (w) Geschichte (Erzähl.)
vâtâvaran (s) Atmosphäre, Wetter
vecvuñ verkaufen
vepâr Handel
vepârî Händler
vheluñ früh
vicâr karvuñ denken, meinen, nachdenken
videshî ausländisch, Ausländer
vidyâpîth (s) Universität
vidyârthî Student
vidyârthinî Studentin
vîjlî (w) Strom
vimân (s) Flugzeug
vîmo Versicherung
vyâkaran Grammatik

Y

yâd (w) Erinnerung, Andenken
yâd âvvuñ sich erinnern
yuddh (s) Krieg

Der Autor

Daniel Krasa M.A., wurde 1976 in Wien geboren. Seit seinem 19. Lebensjahr bereist er unaufhaltsam unseren Planeten und sein spezielles Interesse gilt den arabischen Staaten, Pakistan und Indien.

Während seines Studienaufenthaltes in Mumbai und Pune sowie auf mehreren Reisen durch den Bundesstaat Gujarat kam er unter anderem auch mit dem Gujarati in Kontakt. Während er an der Universität Hindi studierte, lernte er auf der Straße die verschiedenen regionalen Umgangssprachen Westindiens, wie Gujarati und Marathi. Darüber hinaus erfuhr er vieles über die Einheimischen und ihr Leben. Bis heute steht Daniel in engem Kontakt mit vielen Freunden in Gujarat, und natürlich haben diese auch ihren Teil dazu beigetragen, dass dieser Sprechführer entstanden ist.

Daniel Krasa schrieb auch die Kauderwelsch-Bände „Algerisch-Arabisch“, „Arabisch für die Golfstaaten“, „Französisch für Tunesien“, „Urdu für Indien & Pakistan“, „Pandschabi/Punjabi für Nordindien & Pakistan“, „Marathi für Goa & Westindien“ sowie „Englisch für Indien“.